Subtraction
Subtracting Numbers 1 Through 9

Title	Page

Warm-Up

1. Subtraction −1 ···3
2. Subtraction −2 ···4
3. Subtraction −3 ···5
4. Review: Subtraction from −1 to −3 ···6
5. Subtraction −4 ···7
6. Subtraction −5 ···8
7. Subtraction −6 ···9
8. Review: Subtraction from −4 to −6 ···10
9. Subtraction −7 ···11
10. Subtraction −8 ···12
11. Subtraction −9 ···13
12. Review: Subtraction from −7 to −9 ···14

Practice

13. Subtraction Without Borrowing ···15
14. Subtraction Without Borrowing ···16
15. Subtraction Without Borrowing ···17
16. Subtraction Without Borrowing ···18
17. Subtraction Without Borrowing ···19
18. Subtraction Without Borrowing ···20
19. Subtraction Without Borrowing ···21
20. Subtraction Without Borrowing ···22
21. Subtraction Without Borrowing ···23
22. Subtraction Without Borrowing ···24
23. Subtraction Without Borrowing ···25
24. Subtraction Without Borrowing ···26
25. Subtraction Without Borrowing ···27
26. Subtraction Without Borrowing ···28
27. Subtraction With Borrowing ···29
28. Subtraction With Borrowing ···30
29. Subtraction With Borrowing ···31

30. Subtraction With Borrowing ···32
31. Subtraction With Borrowing ···33
32. Subtraction With Borrowing ···34
33. Subtraction With Borrowing ···35
34. Subtraction With Borrowing ···36
35. Subtraction With Borrowing ···37
36. Subtraction With Borrowing ···38
37. Subtraction With Borrowing ···39
38. Subtraction With Borrowing ···40
39. Subtraction With Borrowing ···41
40. Subtraction With Borrowing ···42

Sprint

41. Mixed Subtraction ···43
42. Mixed Subtraction ···44
43. Mixed Subtraction ···45
44. Mixed Subtraction ···46
45. Mixed Subtraction ···47
46. Mixed Subtraction ···48
47. Mixed Subtraction ···49
48. Mixed Subtraction ···50
49. Mixed Subtraction ···51
50. Mixed Subtraction ···52
51. Mixed Subtraction ···53
52. Mixed Subtraction ···54
53. Mixed Subtraction ···55
54. Mixed Subtraction ···56
55. Mixed Subtraction ···57
56. Mixed Subtraction ···58

Answer Key ···59-62
Certificate of Achievement ···63

Subtraction Speed & Accuracy Log

Practice

	Time	0'00"	1'00"	2'00"	3'00"	4'00"	5'00" Score
13	' "						
14	' "						
15	' "						
16	' "						
17	' "						
18	' "						
19	' "						
20	' "						
21	' "						
22	' "						
23	' "						
24	' "						
25	' "						
26	' "						
27	' "						
28	' "						
29	' "						
30	' "						
31	' "						
32	' "						
33	' "						
34	' "						
35	' "						
36	' "						
37	' "						
38	' "						
39	' "						
40	' "						

Sprint

	Time	0'00"	1'00"	2'00"	3'00"	4'00"	5'00" Score
41	' "						
42	' "						
43	' "						
44	' "						
45	' "						
46	' "						
47	' "						
48	' "						
49	' "						
50	' "						
51	' "						
52	' "						
53	' "						
54	' "						
55	' "						
56	' "						

How to log your results

Write your time and score for each page. Plot your results in the graph with a dot and connect the dots to show your progress.

Example		Time	0'00"	1'00"	2'00"	3'00"	4'00"	5'00" Score
	13	2' 30"						45
	14	2' 30"						38
	15	2' 33"						43
	16	2' 40"						40
	17	2' 00"						37
	18	2' 30"						45
	19	2' 10"						

As you work through the book, your progress may vary, but your speed and accuracy will surely improve. Continue to log your time and score to see the positive changes—you may get faster, become more accurate, and/or feel more confident in your skills. Pay close attention to any changes you observe.

Subtraction − 1

Date	Name
/ /	

1 Read each number sentence aloud. Trace each answer.

① 1 − 1 = 0   ⑤ 5 − 1 = 4   ⑨ 9 − 1 = 8

② 2 − 1 = 1   ⑥ 6 − 1 = 5   ⑩ 10 − 1 = 9

③ 3 − 1 = 2   ⑦ 7 − 1 = 6

④ 4 − 1 = 3   ⑧ 8 − 1 = 7

2 Subtract. Time how long it takes to complete the subtraction problems. Log your time below.

① 2 − 1 =   ⑪ 4 − 1 =   ㉑ 8 − 1 =

② 3 − 1 =   ⑫ 6 − 1 =   ㉒ 4 − 1 =

③ 4 − 1 =   ⑬ 8 − 1 =   ㉓ 9 − 1 =

④ 6 − 1 =   ⑭ 1 − 1 =   ㉔ 6 − 1 =

⑤ 7 − 1 =   ⑮ 3 − 1 =   ㉕ 1 − 1 =

⑥ 8 − 1 =   ⑯ 5 − 1 =   ㉖ 7 − 1 =

⑦ 1 − 1 =   ⑰ 7 − 1 =   ㉗ 3 − 1 =

⑧ 5 − 1 =   ⑱ 9 − 1 =   ㉘ 8 − 1 =

⑨ 9 − 1 =   ⑲ 2 − 1 =   ㉙ 2 − 1 =

⑩ 2 − 1 =   ⑳ 5 − 1 =   ㉚ 5 − 1 =

Review any incorrect answers and remember not to rush.

Your Time   min.   sec.

Score   /40

Date	Name
/ /	

1 Read each number sentence aloud. Trace each answer.

① $2 - 2 = 0$ ⑤ $6 - 2 = 4$ ⑨ $10 - 2 = 8$

② $3 - 2 = 1$ ⑥ $7 - 2 = 5$ ⑩ $11 - 2 = 9$

③ $4 - 2 = 2$ ⑦ $8 - 2 = 6$

④ $5 - 2 = 3$ ⑧ $9 - 2 = 7$

2 Subtract. Time how long it takes to complete the subtraction problems. Log your time below.

① $3 - 2 =$ ⑪ $11 - 2 =$ ㉑ $10 - 2 =$

② $4 - 2 =$ ⑫ $6 - 2 =$ ㉒ $6 - 2 =$

③ $5 - 2 =$ ⑬ $8 - 2 =$ ㉓ $9 - 2 =$

④ $7 - 2 =$ ⑭ $3 - 2 =$ ㉔ $5 - 2 =$

⑤ $8 - 2 =$ ⑮ $7 - 2 =$ ㉕ $4 - 2 =$

⑥ $9 - 2 =$ ⑯ $9 - 2 =$ ㉖ $11 - 2 =$

⑦ $11 - 2 =$ ⑰ $4 - 2 =$ ㉗ $2 - 2 =$

⑧ $2 - 2 =$ ⑱ $10 - 2 =$ ㉘ $8 - 2 =$

⑨ $6 - 2 =$ ⑲ $2 - 2 =$ ㉙ $3 - 2 =$

⑩ $3 - 2 =$ ⑳ $5 - 2 =$ ㉚ $7 - 2 =$

Your Time	Score
min. sec.	/40

Date　　　　　　　Name

/　　/

1 **Read each number sentence aloud. Trace each answer.**

① $3 - 3 = 0$ ⑤ $7 - 3 = 4$ ⑨ $11 - 3 = 8$

② $4 - 3 = 1$ ⑥ $8 - 3 = 5$ ⑩ $12 - 3 = 9$

③ $5 - 3 = 2$ ⑦ $9 - 3 = 6$

④ $6 - 3 = 3$ ⑧ $10 - 3 = 7$

2 **Subtract. Time how long it takes to complete the subtraction problems. Log your time below.**

① $3 - 3 =$ ⑪ $11 - 3 =$ ㉑ $9 - 3 =$

② $4 - 3 =$ ⑫ $5 - 3 =$ ㉒ $4 - 3 =$

③ $5 - 3 =$ ⑬ $10 - 3 =$ ㉓ $11 - 3 =$

④ $7 - 3 =$ ⑭ $3 - 3 =$ ㉔ $5 - 3 =$

⑤ $8 - 3 =$ ⑮ $6 - 3 =$ ㉕ $8 - 3 =$

⑥ $10 - 3 =$ ⑯ $9 - 3 =$ ㉖ $10 - 3 =$

⑦ $11 - 3 =$ ⑰ $4 - 3 =$ ㉗ $3 - 3 =$

⑧ $12 - 3 =$ ⑱ $8 - 3 =$ ㉘ $6 - 3 =$

⑨ $6 - 3 =$ ⑲ $7 - 3 =$ ㉙ $12 - 3 =$

⑩ $9 - 3 =$ ⑳ $12 - 3 =$ ㉚ $7 - 3 =$

Score

Your Time

min.　　　sec.

/40

Warm-Up
Review: Subtraction from −1 to −3

Date / /   Name

● **Subtract. Time how long it takes to complete the subtraction problems. Log your time below.**

① 1 − 1 =

② 2 − 1 =

③ 3 − 1 =

④ 4 − 1 =

⑤ 5 − 1 =

⑥ 6 − 1 =

⑦ 7 − 1 =

⑧ 8 − 1 =

⑨ 9 − 1 =

⑩ 10 − 1 =

⑪ 2 − 2 =

⑫ 3 − 2 =

⑬ 4 − 2 =

⑭ 5 − 2 =

⑮ 6 − 2 =

⑯ 7 − 2 =

⑰ 8 − 2 =

⑱ 9 − 2 =

⑲ 10 − 2 =

⑳ 11 − 2 =

㉑ 3 − 3 =

㉒ 4 − 3 =

㉓ 5 − 3 =

㉔ 6 − 3 =

㉕ 7 − 3 =

㉖ 8 − 3 =

㉗ 9 − 3 =

㉘ 10 − 3 =

㉙ 11 − 3 =

㉚ 12 − 3 =

㉛ 5 − 1 =

㉜ 5 − 2 =

㉝ 5 − 3 =

㉞ 7 − 1 =

㉟ 7 − 2 =

㊱ 7 − 3 =

㊲ 4 − 1 =

㊳ 4 − 2 =

㊴ 4 − 3 =

㊵ 8 − 1 =

㊶ 8 − 2 =

㊷ 8 − 3 =

㊸ 9 − 1 =

㊹ 9 − 2 =

㊺ 9 − 3 =

Your Time   min.   sec.

Score   / 45

Warm-Up
Subtraction −4

Date   Name

/ /

1 Read each number sentence aloud. Trace each answer.

① $4 − 4 = 0$ ⑤ $8 − 4 = 4$ ⑨ $12 − 4 = 8$

② $5 − 4 = 1$ ⑥ $9 − 4 = 5$ ⑩ $13 − 4 = 9$

③ $6 − 4 = 2$ ⑦ $10 − 4 = 6$

④ $7 − 4 = 3$ ⑧ $11 − 4 = 7$

2 Subtract. Time how long it takes to complete the subtraction problems. Log your time below.

① $4 − 4 =$ ⑪ $5 − 4 =$ ㉑ $10 − 4 =$

② $5 − 4 =$ ⑫ $9 − 4 =$ ㉒ $6 − 4 =$

③ $6 − 4 =$ ⑬ $4 − 4 =$ ㉓ $5 − 4 =$

④ $8 − 4 =$ ⑭ $13 − 4 =$ ㉔ $11 − 4 =$

⑤ $9 − 4 =$ ⑮ $8 − 4 =$ ㉕ $9 − 4 =$

⑥ $10 − 4 =$ ⑯ $6 − 4 =$ ㉖ $4 − 4 =$

⑦ $11 − 4 =$ ⑰ $11 − 4 =$ ㉗ $12 − 4 =$

⑧ $13 − 4 =$ ⑱ $7 − 4 =$ ㉘ $7 − 4 =$

⑨ $12 − 4 =$ ⑲ $10 − 4 =$ ㉙ $13 − 4 =$

⑩ $7 − 4 =$ ⑳ $12 − 4 =$ ㉚ $8 − 4 =$

Score

Your Time

min.   sec.   /40

Warm-Up
Subtraction −5

1 Read each number sentence aloud. Trace each answer.

① $5 - 5 = 0$ ⑤ $9 - 5 = 4$ ⑨ $13 - 5 = 8$

② $6 - 5 = 1$ ⑥ $10 - 5 = 5$ ⑩ $14 - 5 = 9$

③ $7 - 5 = 2$ ⑦ $11 - 5 = 6$

④ $8 - 5 = 3$ ⑧ $12 - 5 = 7$

2 Subtract. Time how long it takes to complete the subtraction problems. Log your time below.

① $5 - 5 =$ ⑪ $8 - 5 =$ ㉑ $9 - 5 =$

② $6 - 5 =$ ⑫ $12 - 5 =$ ㉒ $5 - 5 =$

③ $8 - 5 =$ ⑬ $9 - 5 =$ ㉓ $13 - 5 =$

④ $9 - 5 =$ ⑭ $10 - 5 =$ ㉔ $11 - 5 =$

⑤ $10 - 5 =$ ⑮ $7 - 5 =$ ㉕ $6 - 5 =$

⑥ $11 - 5 =$ ⑯ $13 - 5 =$ ㉖ $12 - 5 =$

⑦ $13 - 5 =$ ⑰ $5 - 5 =$ ㉗ $7 - 5 =$

⑧ $14 - 5 =$ ⑱ $11 - 5 =$ ㉘ $10 - 5 =$

⑨ $7 - 5 =$ ⑲ $14 - 5 =$ ㉙ $8 - 5 =$

⑩ $12 - 5 =$ ⑳ $6 - 5 =$ ㉚ $14 - 5 =$

Your Time

min.   sec.

Score

/40

Warm-Up
Subtraction −6

Date _____ / _____ / _____   Name _____

1 **Read each number sentence aloud. Trace each answer.**

① $6 - 6 = 0$ ⑤ $10 - 6 = 4$ ⑨ $14 - 6 = 8$

② $7 - 6 = 1$ ⑥ $11 - 6 = 5$ ⑩ $15 - 6 = 9$

③ $8 - 6 = 2$ ⑦ $12 - 6 = 6$

④ $9 - 6 = 3$ ⑧ $13 - 6 = 7$

2 **Subtract. Time how long it takes to complete the subtraction problems. Log your time below.**

① $6 - 6 =$ ⑪ $10 - 6 =$ ㉑ $7 - 6 =$

② $7 - 6 =$ ⑫ $6 - 6 =$ ㉒ $15 - 6 =$

③ $8 - 6 =$ ⑬ $11 - 6 =$ ㉓ $8 - 6 =$

④ $9 - 6 =$ ⑭ $7 - 6 =$ ㉔ $13 - 6 =$

⑤ $10 - 6 =$ ⑮ $12 - 6 =$ ㉕ $6 - 6 =$

⑥ $12 - 6 =$ ⑯ $15 - 6 =$ ㉖ $12 - 6 =$

⑦ $13 - 6 =$ ⑰ $8 - 6 =$ ㉗ $9 - 6 =$

⑧ $15 - 6 =$ ⑱ $13 - 6 =$ ㉘ $11 - 6 =$

⑨ $11 - 6 =$ ⑲ $9 - 6 =$ ㉙ $10 - 6 =$

⑩ $14 - 6 =$ ⑳ $14 - 6 =$ ㉚ $14 - 6 =$

Your Time _____ min. _____ sec.

Score _____ / 40

Date   /   /   Name

● **Subtract. Time how long it takes to complete the subtraction problems. Log your time below.**

(1) $4 - 4 =$

(2) $5 - 4 =$

(3) $6 - 4 =$

(4) $7 - 4 =$

(5) $8 - 4 =$

(6) $9 - 4 =$

(7) $10 - 4 =$

(8) $11 - 4 =$

(9) $12 - 4 =$

(10) $13 - 4 =$

(11) $5 - 5 =$

(12) $6 - 5 =$

(13) $7 - 5 =$

(14) $8 - 5 =$

(15) $9 - 5 =$

(16) $10 - 5 =$

(17) $11 - 5 =$

(18) $12 - 5 =$

(19) $13 - 5 =$

(20) $14 - 5 =$

(21) $6 - 6 =$

(22) $7 - 6 =$

(23) $8 - 6 =$

(24) $9 - 6 =$

(25) $10 - 6 =$

(26) $11 - 6 =$

(27) $12 - 6 =$

(28) $13 - 6 =$

(29) $14 - 6 =$

(30) $15 - 6 =$

(31) $11 - 4 =$

(32) $6 - 5 =$

(33) $12 - 6 =$

(34) $8 - 4 =$

(35) $13 - 5 =$

(36) $7 - 6 =$

(37) $13 - 4 =$

(38) $5 - 5 =$

(39) $13 - 6 =$

(40) $6 - 4 =$

(41) $8 - 5 =$

(42) $15 - 6 =$

(43) $9 - 4 =$

(44) $7 - 5 =$

(45) $10 - 6 =$

Your Time   min.   sec.   Score   /45

1 **Read each number sentence aloud. Trace each answer.**

① 7 − 7 = 0   ⑤ 11 − 7 = 4   ⑨ 15 − 7 = 8

② 8 − 7 = 1   ⑥ 12 − 7 = 5   ⑩ 16 − 7 = 9

③ 9 − 7 = 2   ⑦ 13 − 7 = 6

④ 10 − 7 = 3   ⑧ 14 − 7 = 7

2 **Subtract. Time how long it takes to complete the subtraction problems. Log your time below.**

① 8 − 7 =   ⑪ 14 − 7 =   ㉑ 15 − 7 =

② 9 − 7 =   ⑫ 8 − 7 =   ㉒ 10 − 7 =

③ 10 − 7 =   ⑬ 11 − 7 =   ㉓ 12 − 7 =

④ 11 − 7 =   ⑭ 7 − 7 =   ㉔ 8 − 7 =

⑤ 13 − 7 =   ⑮ 12 − 7 =   ㉕ 9 − 7 =

⑥ 14 − 7 =   ⑯ 9 − 7 =   ㉖ 11 − 7 =

⑦ 15 − 7 =   ⑰ 15 − 7 =   ㉗ 14 − 7 =

⑧ 16 − 7 =   ⑱ 10 − 7 =   ㉘ 7 − 7 =

⑨ 7 − 7 =   ⑲ 13 − 7 =   ㉙ 16 − 7 =

⑩ 12 − 7 =   ⑳ 16 − 7 =   ㉚ 13 − 7 =

Your Time		Score
min.	sec.	/40

Date / / **Name**

1 Read each number sentence aloud. Trace each answer.

① 8 − 8 = 0   ⑤ 12 − 8 = 4   ⑨ 16 − 8 = 8

② 9 − 8 = 1   ⑥ 13 − 8 = 5   ⑩ 17 − 8 = 9

③ 10 − 8 = 2   ⑦ 14 − 8 = 6

④ 11 − 8 = 3   ⑧ 15 − 8 = 7

2 Subtract. Time how long it takes to complete the subtraction problems. Log your time below.

① 8 − 8 =   ⑪ 14 − 8 =   ㉑ 12 − 8 =

② 9 − 8 =   ⑫ 11 − 8 =   ㉒ 16 − 8 =

③ 10 − 8 =   ⑬ 15 − 8 =   ㉓ 8 − 8 =

④ 11 − 8 =   ⑭ 9 − 8 =   ㉔ 13 − 8 =

⑤ 13 − 8 =   ⑮ 13 − 8 =   ㉕ 9 − 8 =

⑥ 14 − 8 =   ⑯ 8 − 8 =   ㉖ 17 − 8 =

⑦ 15 − 8 =   ⑰ 16 − 8 =   ㉗ 10 − 8 =

⑧ 17 − 8 =   ⑱ 10 − 8 =   ㉘ 14 − 8 =

⑨ 12 − 8 =   ⑲ 12 − 8 =   ㉙ 11 − 8 =

⑩ 16 − 8 =   ⑳ 17 − 8 =   ㉚ 15 − 8 =

Your Time

Score

min.   sec.   /40

Date	Name
/ /	

1 Read each number sentence aloud. Trace each answer.

① $9 - 9 = 0$ ⑤ $13 - 9 = 4$ ⑨ $17 - 9 = 8$

② $10 - 9 = 1$ ⑥ $14 - 9 = 5$ ⑩ $18 - 9 = 9$

③ $11 - 9 = 2$ ⑦ $15 - 9 = 6$

④ $12 - 9 = 3$ ⑧ $16 - 9 = 7$

2 Subtract. Time how long it takes to complete the subtraction problems. Log your time below.

① $9 - 9 =$ ⑪ $12 - 9 =$ ㉑ $13 - 9 =$

② $10 - 9 =$ ⑫ $9 - 9 =$ ㉒ $11 - 9 =$

③ $11 - 9 =$ ⑬ $17 - 9 =$ ㉓ $14 - 9 =$

④ $13 - 9 =$ ⑭ $13 - 9 =$ ㉔ $9 - 9 =$

⑤ $14 - 9 =$ ⑮ $10 - 9 =$ ㉕ $15 - 9 =$

⑥ $15 - 9 =$ ⑯ $14 - 9 =$ ㉖ $10 - 9 =$

⑦ $17 - 9 =$ ⑰ $11 - 9 =$ ㉗ $17 - 9 =$

⑧ $18 - 9 =$ ⑱ $15 - 9 =$ ㉘ $12 - 9 =$

⑨ $12 - 9 =$ ⑲ $18 - 9 =$ ㉙ $16 - 9 =$

⑩ $16 - 9 =$ ⑳ $16 - 9 =$ ㉚ $18 - 9 =$

Your Time		Score
min.	sec.	/40

12 Review: Subtraction from −7 to −9

Date	Name
/ /	

● **Subtract. Time how long it takes to complete the subtraction problems. Log your time below.**

① 7 − 7 =

② 8 − 7 =

③ 9 − 7 =

④ 10 − 7 =

⑤ 11 − 7 =

⑥ 12 − 7 =

⑦ 13 − 7 =

⑧ 14 − 7 =

⑨ 15 − 7 =

⑩ 16 − 7 =

⑪ 8 − 8 =

⑫ 9 − 8 =

⑬ 10 − 8 =

⑭ 11 − 8 =

⑮ 12 − 8 =

⑯ 13 − 8 =

⑰ 14 − 8 =

⑱ 15 − 8 =

⑲ 16 − 8 =

⑳ 17 − 8 =

㉑ 9 − 9 =

㉒ 10 − 9 =

㉓ 11 − 9 =

㉔ 12 − 9 =

㉕ 13 − 9 =

㉖ 14 − 9 =

㉗ 15 − 9 =

㉘ 16 − 9 =

㉙ 17 − 9 =

㉚ 18 − 9 =

㉛ 10 − 7 =

㉜ 14 − 8 =

㉝ 15 − 9 =

㉞ 14 − 7 =

㉟ 10 − 8 =

㊱ 17 − 9 =

㊲ 11 − 7 =

㊳ 17 − 8 =

㊴ 10 − 9 =

㊵ 16 − 7 =

㊶ 11 − 8 =

㊷ 12 − 9 =

㊸ 8 − 7 =

㊹ 15 − 8 =

㊺ 14 − 9 =

Your Time		Score
min.	sec.	/45

Date / /   Name

● **Subtract. Time how long it takes to complete the subtraction problems. Log your time below.**

① 9 − 5 =

② 4 − 1 =

③ 5 − 2 =

④ 8 − 6 =

⑤ 6 − 1 =

⑥ 8 − 2 =

⑦ 8 − 7 =

⑧ 3 − 1 =

⑨ 7 − 1 =

⑩ 6 − 2 =

⑪ 9 − 1 =

⑫ 5 − 5 =

⑬ 8 − 1 =

⑭ 9 − 8 =

⑮ 7 − 5 =

⑯ 4 − 3 =

⑰ 7 − 4 =

⑱ 9 − 2 =

⑲ 8 − 6 =

⑳ 2 − 1 =

㉑ 6 − 4 =

㉒ 9 − 6 =

㉓ 5 − 1 =

㉔ 8 − 4 =

㉕ 9 − 3 =

㉖ 5 − 3 =

㉗ 7 − 6 =

㉘ 6 − 6 =

㉙ 9 − 4 =

㉚ 8 − 3 =

㉛ 7 − 7 =

㉜ 9 − 7 =

㉝ 6 − 5 =

㉞ 3 − 2 =

㉟ 8 − 1 =

㊱ 9 − 1 =

㊲ 7 − 3 =

㊳ 5 − 4 =

㊴ 9 − 3 =

㊵ 8 − 5 =

㊶ 4 − 2 =

㊷ 9 − 5 =

㊸ 8 − 7 =

㊹ 6 − 3 =

㊺ 7 − 2 =

Review any incorrect answers and remember not to rush.

Your Time ___ min. ___ sec.

Score ___ /45

Practice
Subtraction Without Borrowing

Target Time
2 / 3 / 4 min.
* Based on your time from the previous page,
circle a target time for completing this page.

Date / /   **Name**

● **Subtract.**

① $4 - 3 =$

② $5 - 2 =$

③ $9 - 1 =$

④ $7 - 6 =$

⑤ $8 - 7 =$

⑥ $9 - 2 =$

⑦ $6 - 1 =$

⑧ $4 - 4 =$

⑨ $7 - 2 =$

⑩ $8 - 5 =$

⑪ $9 - 3 =$

⑫ $6 - 4 =$

⑬ $5 - 1 =$

⑭ $7 - 5 =$

⑮ $8 - 6 =$

⑯ $9 - 5 =$

⑰ $6 - 2 =$

⑱ $7 - 3 =$

⑲ $8 - 2 =$

⑳ $9 - 4 =$

㉑ $4 - 1 =$

㉒ $5 - 3 =$

㉓ $2 - 1 =$

㉔ $9 - 7 =$

㉕ $8 - 4 =$

㉖ $6 - 5 =$

㉗ $3 - 1 =$

㉘ $8 - 3 =$

㉙ $7 - 4 =$

㉚ $9 - 9 =$

㉛ $6 - 3 =$

㉜ $9 - 6 =$

㉝ $8 - 1 =$

㉞ $4 - 2 =$

㉟ $7 - 3 =$

㊱ $5 - 4 =$

㊲ $3 - 2 =$

㊳ $8 - 8 =$

㊴ $9 - 3 =$

㊵ $7 - 1 =$

㊶ $9 - 2 =$

㊷ $8 - 6 =$

㊸ $7 - 2 =$

㊹ $6 - 4 =$

㊺ $9 - 8 =$

Your Time   min.   sec.

Score   /45

15

Practice
Subtraction Without Borrowing

Target Time
2 / 3 / 4 min.
* Based on your time from the previous page, circle a target time for completing this page.

Date / /

Name

● **Subtract.**

① 6 − 1 =

② 9 − 3 =

③ 3 − 2 =

④ 7 − 4 =

⑤ 5 − 3 =

⑥ 8 − 1 =

⑦ 9 − 2 =

⑧ 6 − 5 =

⑨ 7 − 3 =

⑩ 8 − 8 =

⑪ 4 − 3 =

⑫ 9 − 6 =

⑬ 6 − 2 =

⑭ 7 − 1 =

⑮ 8 − 2 =

⑯ 9 − 7 =

⑰ 7 − 2 =

⑱ 6 − 4 =

⑲ 5 − 1 =

⑳ 8 − 4 =

㉑ 9 − 1 =

㉒ 6 − 3 =

㉓ 7 − 5 =

㉔ 8 − 7 =

㉕ 9 − 5 =

㉖ 4 − 4 =

㉗ 5 − 4 =

㉘ 2 − 1 =

㉙ 9 − 4 =

㉚ 8 − 6 =

㉛ 4 − 2 =

㉜ 8 − 3 =

㉝ 7 − 6 =

㉞ 5 − 2 =

㉟ 9 − 8 =

㊱ 3 − 1 =

㊲ 6 − 5 =

㊳ 8 − 6 =

㊴ 9 − 1 =

㊵ 5 − 5 =

㊶ 6 − 2 =

㊷ 4 − 1 =

㊸ 8 − 5 =

㊹ 7 − 4 =

㊺ 9 − 2 =

Your Time

min.　　sec.

Score

/45

16
Practice
Subtraction Without Borrowing

Target Time
2 / 3 / 4 min.
* Based on your time from the previous page,
circle a target time for completing this page.

Date
/   /

Name

● **Subtract.**

① $8 - 4 =$

② $7 - 6 =$

③ $4 - 2 =$

④ $9 - 4 =$

⑤ $6 - 3 =$

⑥ $8 - 2 =$

⑦ $3 - 1 =$

⑧ $4 - 3 =$

⑨ $6 - 5 =$

⑩ $9 - 1 =$

⑪ $8 - 8 =$

⑫ $7 - 1 =$

⑬ $5 - 2 =$

⑭ $9 - 5 =$

⑮ $8 - 3 =$

⑯ $9 - 2 =$

⑰ $6 - 1 =$

⑱ $5 - 4 =$

⑲ $7 - 3 =$

⑳ $8 - 1 =$

㉑ $9 - 9 =$

㉒ $4 - 1 =$

㉓ $7 - 5 =$

㉔ $8 - 2 =$

㉕ $9 - 7 =$

㉖ $6 - 4 =$

㉗ $5 - 1 =$

㉘ $9 - 8 =$

㉙ $8 - 5 =$

㉚ $2 - 1 =$

㉛ $3 - 2 =$

㉜ $9 - 5 =$

㉝ $8 - 1 =$

㉞ $5 - 3 =$

㉟ $6 - 2 =$

㊱ $9 - 6 =$

㊲ $7 - 4 =$

㊳ $8 - 7 =$

㊴ $4 - 2 =$

㊵ $9 - 1 =$

㊶ $7 - 2 =$

㊷ $6 - 3 =$

㊸ $8 - 6 =$

㊹ $5 - 5 =$

㊺ $9 - 3 =$

Score

Your Time

min.   sec.

/45

Practice
Subtraction Without Borrowing

Target Time

2 / 3 / 4 min.

* Based on your time from the previous page, circle a target time for completing this page.

Date / /

Name

● **Subtract.**

① 3 − 1 =

② 8 − 5 =

③ 9 − 4 =

④ 5 − 1 =

⑤ 7 − 5 =

⑥ 8 − 6 =

⑦ 6 − 1 =

⑧ 9 − 8 =

⑨ 7 − 5 =

⑩ 4 − 1 =

⑪ 3 − 3 =

⑫ 6 − 5 =

⑬ 9 − 6 =

⑭ 7 − 3 =

⑮ 8 − 1 =

⑯ 8 − 7 =

⑰ 9 − 2 =

⑱ 6 − 3 =

⑲ 5 − 4 =

⑳ 7 − 7 =

㉑ 9 − 7 =

㉒ 8 − 4 =

㉓ 4 − 3 =

㉔ 5 − 2 =

㉕ 7 − 3 =

㉖ 2 − 1 =

㉗ 8 − 2 =

㉘ 9 − 3 =

㉙ 7 − 2 =

㉚ 9 − 1 =

㉛ 3 − 1 =

㉜ 8 − 3 =

㉝ 6 − 4 =

㉞ 7 − 6 =

㉟ 4 − 2 =

㊱ 9 − 9 =

㊲ 5 − 3 =

㊳ 7 − 4 =

㊴ 6 − 2 =

㊵ 8 − 1 =

㊶ 9 − 5 =

㊷ 7 − 1 =

㊸ 9 − 4 =

㊹ 3 − 2 =

㊺ 8 − 5 =

Your Time

min. sec.

Score

/ 45

Target Time
2 / 3 / 4 min.
* Based on your time from the previous page, circle a target time for completing this page.

Date / /

Name

● **Subtract.**

① $8 - 3 =$

② $6 - 2 =$

③ $9 - 6 =$

④ $7 - 3 =$

⑤ $8 - 7 =$

⑥ $4 - 2 =$

⑦ $5 - 1 =$

⑧ $9 - 3 =$

⑨ $8 - 1 =$

⑩ $3 - 2 =$

⑪ $6 - 4 =$

⑫ $9 - 9 =$

⑬ $2 - 1 =$

⑭ $5 - 4 =$

⑮ $8 - 2 =$

⑯ $6 - 5 =$

⑰ $8 - 4 =$

⑱ $9 - 8 =$

⑲ $7 - 7 =$

⑳ $3 - 1 =$

㉑ $5 - 3 =$

㉒ $9 - 5 =$

㉓ $8 - 6 =$

㉔ $7 - 2 =$

㉕ $4 - 1 =$

㉖ $9 - 2 =$

㉗ $6 - 3 =$

㉘ $7 - 1 =$

㉙ $8 - 5 =$

㉚ $9 - 7 =$

㉛ $9 - 3 =$

㉜ $7 - 5 =$

㉝ $8 - 3 =$

㉞ $6 - 1 =$

㉟ $5 - 2 =$

㊱ $7 - 6 =$

㊲ $8 - 8 =$

㊳ $9 - 4 =$

㊴ $3 - 2 =$

㊵ $4 - 3 =$

㊶ $7 - 4 =$

㊷ $8 - 6 =$

㊸ $6 - 4 =$

㊹ $9 - 1 =$

㊺ $8 - 4 =$

Score

Your Time

min.   sec.

/45

19 Practice
Subtraction Without Borrowing

Target Time 2 / 3 / 4 min.
* Based on your time from the previous page, circle a target time for completing this page.

Date / / **Name**

● Subtract.

① 6 − 2 =

② 3 − 1 =

③ 9 − 3 =

④ 7 − 2 =

⑤ 5 − 4 =

⑥ 6 − 5 =

⑦ 9 − 1 =

⑧ 8 − 6 =

⑨ 7 − 5 =

⑩ 3 − 2 =

⑪ 4 − 1 =

⑫ 6 − 6 =

⑬ 9 − 5 =

⑭ 5 − 3 =

⑮ 8 − 1 =

⑯ 4 − 2 =

⑰ 9 − 4 =

⑱ 7 − 1 =

⑲ 8 − 7 =

⑳ 6 − 2 =

㉑ 9 − 7 =

㉒ 5 − 1 =

㉓ 7 − 4 =

㉔ 9 − 9 =

㉕ 4 − 3 =

㉖ 8 − 2 =

㉗ 7 − 3 =

㉘ 6 − 4 =

㉙ 9 − 8 =

㉚ 8 − 5 =

㉛ 9 − 6 =

㉜ 8 − 3 =

㉝ 6 − 1 =

㉞ 5 − 2 =

㉟ 7 − 6 =

㊱ 9 − 2 =

㊲ 2 − 1 =

㊳ 7 − 5 =

㊴ 6 − 3 =

㊵ 9 − 3 =

㊶ 8 − 4 =

㊷ 3 − 1 =

㊸ 7 − 7 =

㊹ 9 − 1 =

㊺ 6 − 5 =

Your Time min. sec.

Score /45

©Kumon Publishing Co., Ltd.

Target Time

2 / 3 / 4 min.

* Based on your time from the previous page, circle a target time for completing this page.

Date / /

Name

● **Subtract.**

① $5 - 3 =$

② $7 - 2 =$

③ $8 - 6 =$

④ $9 - 5 =$

⑤ $3 - 2 =$

⑥ $6 - 5 =$

⑦ $8 - 1 =$

⑧ $9 - 2 =$

⑨ $7 - 4 =$

⑩ $8 - 3 =$

⑪ $5 - 1 =$

⑫ $9 - 9 =$

⑬ $4 - 3 =$

⑭ $6 - 4 =$

⑮ $8 - 5 =$

⑯ $6 - 3 =$

⑰ $8 - 8 =$

⑱ $9 - 7 =$

⑲ $7 - 1 =$

⑳ $5 - 4 =$

㉑ $6 - 2 =$

㉒ $9 - 8 =$

㉓ $3 - 1 =$

㉔ $8 - 4 =$

㉕ $4 - 2 =$

㉖ $9 - 1 =$

㉗ $8 - 7 =$

㉘ $6 - 1 =$

㉙ $7 - 5 =$

㉚ $9 - 3 =$

㉛ $9 - 4 =$

㉜ $7 - 6 =$

㉝ $4 - 1 =$

㉞ $8 - 5 =$

㉟ $5 - 2 =$

㊱ $9 - 5 =$

㊲ $8 - 6 =$

㊳ $2 - 1 =$

㊴ $7 - 3 =$

㊵ $9 - 1 =$

㊶ $8 - 2 =$

㊷ $3 - 3 =$

㊸ $9 - 1 =$

㊹ $6 - 4 =$

㊺ $8 - 3 =$

 © Kumon Publishing Co., Ltd.

Your Time

min. sec.

Score

/45

21

Practice
Subtraction Without Borrowing

Target Time
2 / 3 / 4 min.
* Based on your time from the previous page, circle a target time for completing this page.

Date
/ /

Name

● **Subtract.**

① $4 - 3 =$

② $9 - 4 =$

③ $8 - 5 =$

④ $6 - 2 =$

⑤ $7 - 5 =$

⑥ $9 - 3 =$

⑦ $5 - 1 =$

⑧ $3 - 2 =$

⑨ $8 - 8 =$

⑩ $4 - 1 =$

⑪ $9 - 2 =$

⑫ $6 - 5 =$

⑬ $8 - 3 =$

⑭ $5 - 4 =$

⑮ $7 - 1 =$

⑯ $6 - 4 =$

⑰ $5 - 2 =$

⑱ $9 - 5 =$

⑲ $7 - 7 =$

⑳ $4 - 2 =$

㉑ $9 - 1 =$

㉒ $5 - 3 =$

㉓ $7 - 2 =$

㉔ $8 - 2 =$

㉕ $2 - 1 =$

㉖ $9 - 6 =$

㉗ $6 - 3 =$

㉘ $8 - 1 =$

㉙ $9 - 8 =$

㉚ $7 - 3 =$

㉛ $9 - 7 =$

㉜ $7 - 4 =$

㉝ $6 - 1 =$

㉞ $8 - 6 =$

㉟ $3 - 1 =$

㊱ $9 - 4 =$

㊲ $8 - 7 =$

㊳ $4 - 2 =$

㊴ $7 - 6 =$

㊵ $9 - 3 =$

㊶ $8 - 1 =$

㊷ $5 - 5 =$

㊸ $9 - 1 =$

㊹ $8 - 4 =$

㊺ $7 - 5 =$

Your Time

min.   sec.

Score

/45

Target Time

2 / 3 / 4 min.

* Based on your time from the previous page, circle a target time for completing this page.

Date / /

Name

● **Subtract.**

① 9 − 8 =

② 8 − 2 =

③ 6 − 1 =

④ 7 − 6 =

⑤ 8 − 3 =

⑥ 9 − 6 =

⑦ 4 − 1 =

⑧ 5 − 5 =

⑨ 9 − 2 =

⑩ 7 − 5 =

⑪ 8 − 4 =

⑫ 6 − 5 =

⑬ 2 − 1 =

⑭ 9 − 4 =

⑮ 5 − 2 =

⑯ 5 − 4 =

⑰ 9 − 1 =

⑱ 8 − 5 =

⑲ 6 − 4 =

⑳ 4 − 2 =

㉑ 9 − 9 =

㉒ 8 − 1 =

㉓ 7 − 3 =

㉔ 5 − 1 =

㉕ 9 − 3 =

㉖ 3 − 2 =

㉗ 7 − 4 =

㉘ 8 − 6 =

㉙ 9 − 5 =

㉚ 6 − 3 =

㉛ 8 − 7 =

㉜ 7 − 1 =

㉝ 4 − 3 =

㉞ 9 − 1 =

㉟ 6 − 2 =

㊱ 8 − 8 =

㊲ 3 − 1 =

㊳ 9 − 7 =

㊴ 7 − 2 =

㊵ 8 − 1 =

㊶ 9 − 4 =

㊷ 5 − 3 =

㊸ 7 − 1 =

㊹ 8 − 4 =

㊺ 9 − 8 =

Your Time

min.   sec.

Score

/45

Practice
Subtraction Without Borrowing

Target Time

2 / 3 / 4 min.

* Based on your time from the previous page, circle a target time for completing this page.

Date / /

Name

● **Subtract.**

① $9 - 7 =$

② $7 - 2 =$

③ $4 - 3 =$

④ $3 - 2 =$

⑤ $9 - 3 =$

⑥ $5 - 1 =$

⑦ $6 - 5 =$

⑧ $8 - 7 =$

⑨ $9 - 4 =$

⑩ $7 - 7 =$

⑪ $4 - 1 =$

⑫ $6 - 4 =$

⑬ $9 - 2 =$

⑭ $7 - 1 =$

⑮ $8 - 5 =$

⑯ $6 - 3 =$

⑰ $5 - 4 =$

⑱ $9 - 6 =$

⑲ $8 - 1 =$

⑳ $7 - 6 =$

㉑ $4 - 4 =$

㉒ $9 - 1 =$

㉓ $8 - 4 =$

㉔ $5 - 3 =$

㉕ $7 - 5 =$

㉖ $3 - 1 =$

㉗ $7 - 3 =$

㉘ $6 - 1 =$

㉙ $8 - 2 =$

㉚ $9 - 5 =$

㉛ $9 - 8 =$

㉜ $7 - 4 =$

㉝ $8 - 3 =$

㉞ $2 - 1 =$

㉟ $6 - 2 =$

㊱ $7 - 1 =$

㊲ $8 - 6 =$

㊳ $9 - 1 =$

㊴ $5 - 2 =$

㊵ $6 - 4 =$

㊶ $4 - 2 =$

㊷ $3 - 2 =$

㊸ $8 - 5 =$

㊹ $9 - 4 =$

㊺ $7 - 2 =$

Your Time

min. sec.

Score

/45

Practice
Subtraction Without Borrowing

Target Time
2 / 3 / 4 min.
* Based on your time from the previous page, circle a target time for completing this page.

Date / /   **Name**

● **Subtract.**

① 8 − 4 =

② 2 − 1 =

③ 9 − 6 =

④ 5 − 2 =

⑤ 7 − 6 =

⑥ 6 − 4 =

⑦ 9 − 2 =

⑧ 8 − 6 =

⑨ 3 − 1 =

⑩ 6 − 2 =

⑪ 4 − 3 =

⑫ 7 − 4 =

⑬ 9 − 5 =

⑭ 8 − 8 =

⑮ 5 − 1 =

⑯ 6 − 5 =

⑰ 9 − 1 =

⑱ 5 − 3 =

⑲ 8 − 7 =

⑳ 9 − 3 =

㉑ 7 − 7 =

㉒ 4 − 2 =

㉓ 6 − 3 =

㉔ 8 − 5 =

㉕ 9 − 4 =

㉖ 7 − 3 =

㉗ 5 − 4 =

㉘ 9 − 7 =

㉙ 6 − 1 =

㉚ 8 − 2 =

㉛ 3 − 2 =

㉜ 8 − 1 =

㉝ 7 − 5 =

㉞ 9 − 8 =

㉟ 4 − 1 =

㊱ 7 − 2 =

㊲ 6 − 4 =

㊳ 9 − 9 =

㊴ 7 − 1 =

㊵ 8 − 3 =

㊶ 6 − 4 =

㊷ 5 − 2 =

㊸ 7 − 6 =

㊹ 8 − 4 =

㊺ 9 − 1 =

Your Time
min.   sec.

Score
/45

Practice
Subtraction Without Borrowing

Target Time

2 / **3** / **4** min.

* Based on your time from the previous page, circle a target time for completing this page.

Date /   /

Name

● **Subtract.**

① 8 − 5 =

② 7 − 2 =

③ 9 − 8 =

④ 6 − 5 =

⑤ 5 − 1 =

⑥ 4 − 2 =

⑦ 8 − 7 =

⑧ 9 − 3 =

⑨ 7 − 7 =

⑩ 3 − 1 =

⑪ 6 − 4 =

⑫ 8 − 2 =

⑬ 5 − 3 =

⑭ 7 − 4 =

⑮ 9 − 5 =

⑯ 3 − 2 =

⑰ 9 − 6 =

⑱ 6 − 1 =

⑲ 8 − 3 =

⑳ 9 − 2 =

㉑ 7 − 6 =

㉒ 5 − 4 =

㉓ 9 − 7 =

㉔ 8 − 8 =

㉕ 4 − 3 =

㉖ 7 − 1 =

㉗ 5 − 2 =

㉘ 8 − 4 =

㉙ 9 − 1 =

㉚ 6 − 3 =

㉛ 7 − 3 =

㉜ 4 − 1 =

㉝ 6 − 5 =

㉞ 8 − 6 =

㉟ 9 − 4 =

㊱ 2 − 1 =

㊲ 9 − 3 =

㊳ 5 − 1 =

㊴ 4 − 2 =

㊵ 6 − 6 =

㊶ 9 − 2 =

㊷ 8 − 1 =

㊸ 7 − 5 =

㊹ 6 − 2 =

㊺ 9 − 1 =

Score

Your Time

min.   sec.

/45

Target Time

2 / 3 / 4 min.

* Based on your time from the previous page, circle a target time for completing this page.

Date / /

Name

● **Subtract.**

① 7 − 5 =

② 9 − 4 =

③ 3 − 2 =

④ 8 − 7 =

⑤ 5 − 2 =

⑥ 7 − 3 =

⑦ 9 − 1 =

⑧ 8 − 4 =

⑨ 6 − 2 =

⑩ 6 − 3 =

⑪ 4 − 1 =

⑫ 5 − 4 =

⑬ 9 − 7 =

⑭ 8 − 5 =

⑮ 7 − 7 =

⑯ 6 − 5 =

⑰ 8 − 2 =

⑱ 9 − 3 =

⑲ 7 − 2 =

⑳ 2 − 1 =

㉑ 9 − 2 =

㉒ 5 − 1 =

㉓ 8 − 3 =

㉔ 7 − 6 =

㉕ 9 − 5 =

㉖ 4 − 4 =

㉗ 8 − 1 =

㉘ 6 − 4 =

㉙ 9 − 6 =

㉚ 7 − 4 =

㉛ 3 − 1 =

㉜ 8 − 6 =

㉝ 5 − 3 =

㉞ 7 − 1 =

㉟ 4 − 3 =

㊱ 9 − 8 =

㊲ 6 − 1 =

㊳ 9 − 9 =

㊴ 3 − 2 =

㊵ 8 − 5 =

㊶ 9 − 4 =

㊷ 4 − 2 =

㊸ 5 − 4 =

㊹ 9 − 1 =

㊺ 7 − 5 =

Your Time

min. sec.

Score

/45

Practice
Subtraction With Borrowing

Target Time

2 / **3** / **4** min.

* Based on your time from the previous page, circle a target time for completing this page.

Date

/   /

Name

● **Subtract.**

① 10 − 7 =

② 14 − 6 =

③ 12 − 5 =

④ 13 − 6 =

⑤ 10 − 4 =

⑥ 11 − 7 =

⑦ 15 − 9 =

⑧ 14 − 5 =

⑨ 17 − 8 =

⑩ 10 − 9 =

⑪ 13 − 8 =

⑫ 11 − 2 =

⑬ 15 − 7 =

⑭ 10 − 6 =

⑮ 12 − 7 =

⑯ 11 − 9 =

⑰ 16 − 8 =

⑱ 14 − 7 =

⑲ 10 − 2 =

⑳ 13 − 7 =

㉑ 18 − 9 =

㉒ 11 − 8 =

㉓ 12 − 6 =

㉔ 10 − 3 =

㉕ 15 − 6 =

㉖ 13 − 5 =

㉗ 12 − 3 =

㉘ 16 − 9 =

㉙ 10 − 8 =

㉚ 11 − 6 =

㉛ 10 − 5 =

㉜ 17 − 9 =

㉝ 11 − 4 =

㉞ 16 − 7 =

㉟ 14 − 8 =

㊱ 12 − 4 =

㊲ 11 − 5 =

㊳ 13 − 9 =

㊴ 12 − 8 =

㊵ 10 − 1 =

㊶ 15 − 8 =

㊷ 14 − 9 =

㊸ 11 − 3 =

㊹ 12 − 9 =

㊺ 13 − 4 =

Your Time

min.   sec.

Score

/45

Practice
Subtraction With Borrowing

Target Time

2 / 3 / 4 min.

* Based on your time from the previous page, circle a target time for completing this page.

Date / /

Name

● **Subtract.**

① 10 − 5 =

② 13 − 7 =

③ 11 − 2 =

④ 12 − 6 =

⑤ 15 − 9 =

⑥ 10 − 8 =

⑦ 14 − 5 =

⑧ 13 − 4 =

⑨ 16 − 7 =

⑩ 12 − 5 =

⑪ 11 − 4 =

⑫ 15 − 7 =

⑬ 14 − 9 =

⑭ 10 − 1 =

⑮ 12 − 8 =

⑯ 10 − 4 =

⑰ 11 − 5 =

⑱ 15 − 8 =

⑲ 13 − 6 =

⑳ 12 − 3 =

㉑ 16 − 8 =

㉒ 10 − 7 =

㉓ 14 − 6 =

㉔ 17 − 8 =

㉕ 18 − 9 =

㉖ 11 − 8 =

㉗ 10 − 9 =

㉘ 12 − 4 =

㉙ 13 − 9 =

㉚ 11 − 7 =

㉛ 13 − 8 =

㉜ 10 − 2 =

㉝ 12 − 9 =

㉞ 14 − 7 =

㉟ 11 − 6 =

㊱ 10 − 3 =

㊲ 15 − 6 =

㊳ 16 − 9 =

㊴ 17 − 9 =

㊵ 11 − 3 =

㊶ 13 − 5 =

㊷ 10 − 6 =

㊸ 12 − 7 =

㊹ 14 − 8 =

㊺ 11 − 9 =

Score

Your Time

min.   sec.

/45

Practice
Subtraction With Borrowing

Target Time

2 / 3 / 4 min.

* Based on your time from the previous page, circle a target time for completing this page.

Date

/   /

Name

● **Subtract.**

① 11 − 7 =

② 10 − 2 =

③ 16 − 9 =

④ 13 − 7 =

⑤ 12 − 3 =

⑥ 17 − 9 =

⑦ 11 − 2 =

⑧ 10 − 6 =

⑨ 14 − 8 =

⑩ 13 − 5 =

⑪ 15 − 6 =

⑫ 10 − 9 =

⑬ 18 − 9 =

⑭ 11 − 4 =

⑮ 12 − 6 =

⑯ 10 − 3 =

⑰ 12 − 9 =

⑱ 15 − 7 =

⑲ 11 − 6 =

⑳ 14 − 5 =

㉑ 10 − 1 =

㉒ 13 − 4 =

㉓ 15 − 8 =

㉔ 12 − 7 =

㉕ 11 − 3 =

㉖ 16 − 8 =

㉗ 14 − 9 =

㉘ 13 − 6 =

㉙ 11 − 5 =

㉚ 10 − 8 =

㉛ 12 − 4 =

㉜ 13 − 8 =

㉝ 14 − 6 =

㉞ 10 − 7 =

㉟ 11 − 8 =

㊱ 15 − 9 =

㊲ 16 − 7 =

㊳ 12 − 5 =

㊴ 10 − 4 =

㊵ 13 − 9 =

㊶ 17 − 8 =

㊷ 11 − 9 =

㊸ 14 − 7 =

㊹ 12 − 8 =

㊺ 10 − 5 =

Your Time

min.   sec.

Score

/45

Target Time

2 / 3 / 4 min.

* Based on your time from the previous page, circle a target time for completing this page.

Date / /

Name

● **Subtract.**

① $10 - 4 =$

② $14 - 6 =$

③ $12 - 5 =$

④ $16 - 8 =$

⑤ $11 - 7 =$

⑥ $17 - 9 =$

⑦ $15 - 8 =$

⑧ $10 - 6 =$

⑨ $12 - 3 =$

⑩ $13 - 9 =$

⑪ $14 - 8 =$

⑫ $15 - 6 =$

⑬ $11 - 3 =$

⑭ $10 - 8 =$

⑮ $12 - 7 =$

⑯ $11 - 4 =$

⑰ $13 - 8 =$

⑱ $15 - 7 =$

⑲ $12 - 9 =$

⑳ $10 - 1 =$

㉑ $16 - 9 =$

㉒ $13 - 6 =$

㉓ $11 - 5 =$

㉔ $17 - 8 =$

㉕ $10 - 7 =$

㉖ $12 - 4 =$

㉗ $14 - 7 =$

㉘ $11 - 9 =$

㉙ $13 - 4 =$

㉚ $10 - 5 =$

㉛ $10 - 9 =$

㉜ $13 - 7 =$

㉝ $11 - 6 =$

㉞ $14 - 5 =$

㉟ $12 - 8 =$

㊱ $16 - 7 =$

㊲ $10 - 2 =$

㊳ $11 - 8 =$

㊴ $18 - 9 =$

㊵ $12 - 6 =$

㊶ $15 - 9 =$

㊷ $11 - 2 =$

㊸ $13 - 5 =$

㊹ $10 - 3 =$

㊺ $14 - 9 =$

Your Time

min.   sec.

Score

/45

© Kumon Publishing Co., Ltd.

Practice
Subtraction With Borrowing

Target Time

2 / 3 / 4 min.

* Based on your time from the previous page,
circle a target time for completing this page.

Date / /

Name

● **Subtract.**

① 13 − 8 =

② 10 − 1 =

③ 12 − 5 =

④ 14 − 8 =

⑤ 11 − 2 =

⑥ 16 − 9 =

⑦ 10 − 3 =

⑧ 13 − 7 =

⑨ 11 − 5 =

⑩ 17 − 8 =

⑪ 12 − 4 =

⑫ 10 − 8 =

⑬ 15 − 6 =

⑭ 14 − 9 =

⑮ 11 − 6 =

⑯ 16 − 8 =

⑰ 10 − 9 =

⑱ 11 − 7 =

⑲ 15 − 8 =

⑳ 13 − 6 =

㉑ 14 − 5 =

㉒ 12 − 7 =

㉓ 11 − 3 =

㉔ 10 − 2 =

㉕ 13 − 4 =

㉖ 14 − 7 =

㉗ 15 − 9 =

㉘ 11 − 8 =

㉙ 12 − 6 =

㉚ 10 − 5 =

㉛ 10 − 4 =

㉜ 17 − 9 =

㉝ 12 − 3 =

㉞ 14 − 6 =

㉟ 18 − 9 =

㊱ 13 − 5 =

㊲ 11 − 4 =

㊳ 16 − 7 =

㊴ 10 − 6 =

㊵ 12 − 8 =

㊶ 11 − 9 =

㊷ 15 − 7 =

㊸ 13 − 9 =

㊹ 10 − 7 =

㊺ 12 − 9 =

Your Time

min. sec.

Score

/45

Practice
Subtraction With Borrowing

Target Time

2 / 3 / 4 min.

* Based on your time from the previous page,
circle a target time for completing this page.

Date / /

Name

● **Subtract.**

① 12 − 7 =

② 11 − 3 =

③ 15 − 9 =

④ 10 − 8 =

⑤ 12 − 5 =

⑥ 11 − 2 =

⑦ 10 − 2 =

⑧ 14 − 5 =

⑨ 16 − 7 =

⑩ 10 − 3 =

⑪ 14 − 6 =

⑫ 12 − 9 =

⑬ 11 − 7 =

⑭ 10 − 1 =

⑮ 13 − 9 =

⑯ 13 − 5 =

⑰ 10 − 6 =

⑱ 12 − 3 =

⑲ 15 − 7 =

⑳ 11 − 8 =

㉑ 14 − 7 =

㉒ 18 − 9 =

㉓ 11 − 6 =

㉔ 13 − 4 =

㉕ 16 − 8 =

㉖ 11 − 4 =

㉗ 13 − 8 =

㉘ 12 − 6 =

㉙ 10 − 9 =

㉚ 14 − 8 =

㉛ 10 − 5 =

㉜ 13 − 6 =

㉝ 11 − 9 =

㉞ 15 − 6 =

㉟ 13 − 7 =

㊱ 17 − 9 =

㊲ 12 − 8 =

㊳ 10 − 7 =

㊴ 16 − 9 =

㊵ 11 − 5 =

㊶ 17 − 8 =

㊷ 14 − 9 =

㊸ 12 − 4 =

㊹ 15 − 8 =

㊺ 10 − 4 =

Your Time

min. sec.

Score

/45

Practice
Subtraction With Borrowing

Target Time

2 / 3 / 4 min.

* Based on your time from the previous page, circle a target time for completing this page.

Date   /   /

Name

● **Subtract.**

① 14 − 5 =

② 12 − 4 =

③ 10 − 8 =

④ 13 − 5 =

⑤ 12 − 7 =

⑥ 15 − 9 =

⑦ 11 − 8 =

⑧ 10 − 6 =

⑨ 14 − 7 =

⑩ 13 − 8 =

⑪ 15 − 6 =

⑫ 11 − 2 =

⑬ 10 − 5 =

⑭ 16 − 8 =

⑮ 18 − 9 =

⑯ 11 − 9 =

⑰ 10 − 2 =

⑱ 15 − 8 =

⑲ 12 − 3 =

⑳ 13 − 9 =

㉑ 14 − 6 =

㉒ 16 − 7 =

㉓ 11 − 6 =

㉔ 10 − 1 =

㉕ 12 − 5 =

㉖ 17 − 9 =

㉗ 13 − 7 =

㉘ 11 − 7 =

㉙ 10 − 3 =

㉚ 12 − 9 =

㉛ 10 − 4 =

㉜ 14 − 9 =

㉝ 11 − 3 =

㉞ 13 − 6 =

㉟ 10 − 9 =

㊱ 12 − 8 =

㊲ 16 − 9 =

㊳ 15 − 7 =

㊴ 11 − 4 =

㊵ 17 − 8 =

㊶ 10 − 7 =

㊷ 13 − 4 =

㊸ 12 − 6 =

㊹ 14 − 8 =

㊺ 11 − 5 =

Your Time

min.   sec.

Score

/45

Practice Subtraction With Borrowing

Target Time

2 / 3 / 4 min.

* Based on your time from the previous page, circle a target time for completing this page.

Date   /   /

Name

● **Subtract.**

① 12 − 8 =

② 10 − 3 =

③ 15 − 9 =

④ 11 − 4 =

⑤ 16 − 8 =

⑥ 13 − 9 =

⑦ 12 − 6 =

⑧ 10 − 1 =

⑨ 17 − 9 =

⑩ 15 − 6 =

⑪ 11 − 8 =

⑫ 13 − 5 =

⑬ 14 − 7 =

⑭ 10 − 9 =

⑮ 12 − 4 =

⑯ 13 − 7 =

⑰ 11 − 3 =

⑱ 12 − 9 =

⑲ 10 − 6 =

⑳ 15 − 8 =

㉑ 16 − 7 =

㉒ 14 − 6 =

㉓ 11 − 9 =

㉔ 17 − 8 =

㉕ 10 − 4 =

㉖ 12 − 7 =

㉗ 13 − 6 =

㉘ 14 − 9 =

㉙ 11 − 2 =

㉚ 10 − 7 =

㉛ 16 − 9 =

㉜ 10 − 5 =

㉝ 11 − 7 =

㉞ 12 − 5 =

㉟ 13 − 8 =

㊱ 14 − 5 =

㊲ 18 − 9 =

㊳ 11 − 5 =

㊴ 10 − 8 =

㊵ 12 − 3 =

㊶ 13 − 4 =

㊷ 15 − 7 =

㊸ 14 − 8 =

㊹ 11 − 6 =

㊺ 10 − 2 =

Score

Your Time

min.   sec.   / 45

Target Time

2 / 3 / 4 min.

* Based on your time from the previous page, circle a target time for completing this page.

Date / /

Name

● **Subtract.**

① $15 - 6 =$

② $11 - 8 =$

③ $12 - 3 =$

④ $13 - 9 =$

⑤ $10 - 2 =$

⑥ $14 - 8 =$

⑦ $12 - 7 =$

⑧ $11 - 4 =$

⑨ $16 - 9 =$

⑩ $10 - 6 =$

⑪ $13 - 5 =$

⑫ $17 - 9 =$

⑬ $12 - 8 =$

⑭ $14 - 5 =$

⑮ $10 - 9 =$

⑯ $10 - 5 =$

⑰ $12 - 9 =$

⑱ $11 - 5 =$

⑲ $14 - 7 =$

⑳ $10 - 4 =$

㉑ $13 - 6 =$

㉒ $11 - 3 =$

㉓ $16 - 7 =$

㉔ $18 - 9 =$

㉕ $12 - 6 =$

㉖ $15 - 8 =$

㉗ $10 - 7 =$

㉘ $13 - 8 =$

㉙ $11 - 9 =$

㉚ $14 - 6 =$

㉛ $10 - 3 =$

㉜ $11 - 7 =$

㉝ $12 - 4 =$

㉞ $15 - 9 =$

㉟ $11 - 2 =$

㊱ $13 - 7 =$

㊲ $10 - 1 =$

㊳ $14 - 9 =$

㊴ $16 - 8 =$

㊵ $12 - 5 =$

㊶ $11 - 6 =$

㊷ $17 - 8 =$

㊸ $13 - 4 =$

㊹ $10 - 8 =$

㊺ $15 - 7 =$

Your Time

min.   sec.

Score

/45

Target Time

2 / 3 / 4 min.

* Based on your time from the previous page, circle a target time for completing this page.

Date / /

Name

● **Subtract.**

① $14 - 8 =$

② $12 - 7 =$

③ $10 - 7 =$

④ $11 - 2 =$

⑤ $14 - 7 =$

⑥ $17 - 9 =$

⑦ $10 - 4 =$

⑧ $15 - 7 =$

⑨ $12 - 5 =$

⑩ $13 - 8 =$

⑪ $11 - 9 =$

⑫ $16 - 7 =$

⑬ $10 - 6 =$

⑭ $13 - 4 =$

⑮ $11 - 8 =$

⑯ $11 - 6 =$

⑰ $10 - 3 =$

⑱ $18 - 9 =$

⑲ $12 - 8 =$

⑳ $14 - 5 =$

㉑ $11 - 4 =$

㉒ $15 - 6 =$

㉓ $10 - 9 =$

㉔ $16 - 8 =$

㉕ $13 - 9 =$

㉖ $12 - 3 =$

㉗ $15 - 8 =$

㉘ $10 - 2 =$

㉙ $11 - 5 =$

㉚ $13 - 7 =$

㉛ $16 - 9 =$

㉜ $10 - 8 =$

㉝ $12 - 9 =$

㉞ $11 - 3 =$

㉟ $13 - 6 =$

㊱ $17 - 8 =$

㊲ $10 - 5 =$

㊳ $14 - 6 =$

㊴ $12 - 4 =$

㊵ $15 - 9 =$

㊶ $13 - 5 =$

㊷ $11 - 7 =$

㊸ $10 - 1 =$

㊹ $14 - 9 =$

㊺ $12 - 6 =$

Your Time

min.　　　sec.

Score

/45

37 Practice
Subtraction With Borrowing

Target Time **2 / 3 / 4** min.
* Based on your time from the previous page, circle a target time for completing this page.

Date / /
Name

● Subtract.

① 12 − 7 =
② 11 − 4 =
③ 14 − 9 =
④ 10 − 6 =
⑤ 13 − 7 =
⑥ 15 − 8 =
⑦ 11 − 9 =
⑧ 10 − 1 =
⑨ 17 − 8 =
⑩ 12 − 6 =
⑪ 13 − 5 =
⑫ 16 − 8 =
⑬ 10 − 5 =
⑭ 14 − 7 =
⑮ 11 − 3 =
⑯ 12 − 5 =
⑰ 10 − 2 =
⑱ 15 − 9 =
⑲ 13 − 8 =
⑳ 11 − 5 =
㉑ 10 − 7 =
㉒ 18 − 9 =
㉓ 12 − 4 =
㉔ 11 − 7 =
㉕ 14 − 5 =
㉖ 16 − 9 =
㉗ 11 − 2 =
㉘ 12 − 9 =
㉙ 10 − 8 =
㉚ 13 − 4 =
㉛ 10 − 4 =
㉜ 12 − 3 =
㉝ 11 − 8 =
㉞ 14 − 6 =
㉟ 10 − 3 =
㊱ 13 − 9 =
㊲ 15 − 6 =
㊳ 16 − 7 =
㊴ 17 − 9 =
㊵ 15 − 7 =
㊶ 12 − 8 =
㊷ 11 − 6 =
㊸ 14 − 8 =
㊹ 10 − 9 =
㊺ 13 − 6 =

Your Time min. sec.

Score /45

 © Kumon Publishing Co., Ltd.

38

Practice

Subtraction With Borrowing

Target Time 2 / 3 / 4 min.
* Based on your time from the previous page, circle a target time for completing this page.

Date / / **Name**

● Subtract.

① 13 − 9 =
② 11 − 4 =
③ 10 − 9 =
④ 14 − 5 =
⑤ 13 − 7 =
⑥ 11 − 3 =
⑦ 12 − 8 =
⑧ 13 − 4 =
⑨ 10 − 5 =
⑩ 14 − 7 =
⑪ 13 − 5 =
⑫ 11 − 8 =
⑬ 18 − 9 =
⑭ 10 − 4 =
⑮ 16 − 8 =

⑯ 10 − 2 =
⑰ 11 − 6 =
⑱ 12 − 3 =
⑲ 10 − 7 =
⑳ 12 − 5 =
㉑ 11 − 5 =
㉒ 10 − 1 =
㉓ 14 − 6 =
㉔ 11 − 7 =
㉕ 17 − 9 =
㉖ 13 − 8 =
㉗ 15 − 6 =
㉘ 11 − 9 =
㉙ 10 − 3 =
㉚ 14 − 8 =

㉛ 11 − 2 =
㉜ 12 − 9 =
㉝ 13 − 6 =
㉞ 14 − 9 =
㉟ 15 − 7 =
㊱ 12 − 6 =
㊲ 16 − 7 =
㊳ 10 − 8 =
㊴ 16 − 9 =
㊵ 12 − 4 =
㊶ 15 − 9 =
㊷ 12 − 7 =
㊸ 15 − 8 =
㊹ 10 − 6 =
㊺ 17 − 8 =

Your Time min. sec.

Score /45

Practice
Subtraction With Borrowing

Target Time

2 / 3 / 4 min.

* Based on your time from the previous page, circle a target time for completing this page.

Date　/　　/

Name

● **Subtract.**

① 11 − 5 =

② 14 − 5 =

③ 10 − 7 =

④ 15 − 8 =

⑤ 13 − 7 =

⑥ 12 − 4 =

⑦ 11 − 2 =

⑧ 10 − 6 =

⑨ 16 − 8 =

⑩ 17 − 9 =

⑪ 14 − 6 =

⑫ 12 − 5 =

⑬ 10 − 2 =

⑭ 13 − 8 =

⑮ 11 − 9 =

⑯ 11 − 3 =

⑰ 12 − 8 =

⑱ 10 − 5 =

⑲ 14 − 7 =

⑳ 17 − 8 =

㉑ 10 − 9 =

㉒ 13 − 4 =

㉓ 12 − 3 =

㉔ 15 − 6 =

㉕ 11 − 8 =

㉖ 16 − 9 =

㉗ 14 − 8 =

㉘ 10 − 3 =

㉙ 13 − 9 =

㉚ 12 − 7 =

㉛ 11 − 6 =

㉜ 15 − 7 =

㉝ 12 − 9 =

㉞ 10 − 4 =

㉟ 13 − 5 =

㊱ 18 − 9 =

㊲ 11 − 7 =

㊳ 13 − 6 =

㊴ 10 − 1 =

㊵ 16 − 7 =

㊶ 14 − 9 =

㊷ 12 − 6 =

㊸ 11 − 4 =

㊹ 15 − 9 =

㊺ 10 − 8 =

Your Time

min.　　sec.

Score

／45

40

Practice

Subtraction With Borrowing

Target Time
2 / 3 / 4 min.
* Based on your time from the previous page, circle a target time for completing this page.

Date / / Name

● Subtract.

① 10 − 6 =

② 14 − 8 =

③ 11 − 3 =

④ 13 − 9 =

⑤ 12 − 3 =

⑥ 10 − 8 =

⑦ 16 − 7 =

⑧ 11 − 5 =

⑨ 17 − 9 =

⑩ 15 − 8 =

⑪ 14 − 7 =

⑫ 11 − 2 =

⑬ 12 − 9 =

⑭ 13 − 5 =

⑮ 10 − 4 =

⑯ 11 − 4 =

⑰ 10 − 2 =

⑱ 12 − 5 =

⑲ 14 − 9 =

⑳ 11 − 8 =

㉑ 13 − 7 =

㉒ 15 − 6 =

㉓ 17 − 8 =

㉔ 10 − 9 =

㉕ 12 − 7 =

㉖ 13 − 6 =

㉗ 14 − 5 =

㉘ 16 − 9 =

㉙ 11 − 7 =

㉚ 10 − 1 =

㉛ 13 − 8 =

㉜ 15 − 7 =

㉝ 12 − 6 =

㉞ 10 − 7 =

㉟ 18 − 9 =

㊱ 11 − 6 =

㊲ 12 − 8 =

㊳ 14 − 6 =

㊴ 10 − 5 =

㊵ 15 − 9 =

㊶ 13 − 4 =

㊷ 16 − 8 =

㊸ 12 − 4 =

㊹ 11 − 9 =

㊺ 10 − 3 =

Your Time min. sec.

Score /45

Sprint
Mixed Subtraction

Date	Name
/ /	

● **Subtract. Time how long it takes to complete the subtraction problems. Log your time below.**

① 7 − 3 =

② 9 − 2 =

③ 6 − 4 =

④ 3 − 2 =

⑤ 10 − 3 =

⑥ 8 − 5 =

⑦ 13 − 5 =

⑧ 15 − 9 =

⑨ 9 − 2 =

⑩ 16 − 7 =

⑪ 12 − 8 =

⑫ 6 − 3 =

⑬ 4 − 3 =

⑭ 13 − 8 =

⑮ 7 − 1 =

⑯ 5 − 2 =

⑰ 12 − 6 =

⑱ 9 − 1 =

⑲ 14 − 8 =

⑳ 13 − 4 =

㉑ 4 − 2 =

㉒ 10 − 6 =

㉓ 15 − 7 =

㉔ 7 − 4 =

㉕ 13 − 6 =

㉖ 9 − 4 =

㉗ 12 − 7 =

㉘ 11 − 5 =

㉙ 6 − 2 =

㉚ 8 − 6 =

㉛ 10 − 9 =

㉜ 9 − 3 =

㉝ 12 − 4 =

㉞ 11 − 6 =

㉟ 7 − 5 =

㊱ 13 − 7 =

㊲ 9 − 5 =

㊳ 17 − 9 =

㊴ 6 − 5 =

㊵ 10 − 8 =

㊶ 8 − 3 =

㊷ 15 − 6 =

㊸ 5 − 5 =

㊹ 7 − 6 =

㊺ 12 − 9 =

Review any incorrect answers and remember not to rush.

Score

Your Time

min.   sec.   /45

Sprint
Mixed Subtraction

Target Time

2 / 3 / 4 min.

* Based on your time from the previous page, circle a target time for completing this page.

Date / /

Name

● **Subtract.**

① 10 − 5 =

② 14 − 5 =

③ 5 − 3 =

④ 4 − 1 =

⑤ 16 − 9 =

⑥ 2 − 1 =

⑦ 15 − 8 =

⑧ 8 − 4 =

⑨ 11 − 7 =

⑩ 6 − 4 =

⑪ 5 − 1 =

⑫ 13 − 5 =

⑬ 10 − 1 =

⑭ 9 − 8 =

⑮ 11 − 8 =

⑯ 3 − 2 =

⑰ 14 − 7 =

⑱ 8 − 8 =

⑲ 18 − 9 =

⑳ 9 − 3 =

㉑ 11 − 3 =

㉒ 13 − 9 =

㉓ 3 − 1 =

㉔ 15 − 6 =

㉕ 5 − 4 =

㉖ 10 − 7 =

㉗ 8 − 2 =

㉘ 16 − 8 =

㉙ 7 − 1 =

㉚ 6 − 2 =

㉛ 11 − 9 =

㉜ 6 − 3 =

㉝ 10 − 4 =

㉞ 8 − 1 =

㉟ 7 − 2 =

㊱ 12 − 3 =

㊲ 9 − 6 =

㊳ 11 − 4 =

㊴ 14 − 9 =

㊵ 9 − 4 =

㊶ 17 − 8 =

㊷ 9 − 7 =

㊸ 10 − 2 =

㊹ 12 − 5 =

㊺ 8 − 7 =

Score

Your Time

min.   sec.

/45

Sprint
Mixed Subtraction

Target Time

2 / **3** / **4** min.

* Based on your time from the previous page, circle a target time for completing this page.

Date　　/　　/

Name

● **Subtract.**

① 10 − 6 =

② 11 − 4 =

③ 3 − 1 =

④ 12 − 3 =

⑤ 9 − 5 =

⑥ 15 − 8 =

⑦ 8 − 7 =

⑧ 17 − 8 =

⑨ 6 − 1 =

⑩ 5 − 2 =

⑪ 11 − 5 =

⑫ 13 − 8 =

⑬ 8 − 6 =

⑭ 10 − 8 =

⑮ 9 − 1 =

⑯ 13 − 4 =

⑰ 8 − 2 =

⑱ 7 − 3 =

⑲ 11 − 8 =

⑳ 9 − 9 =

㉑ 12 − 6 =

㉒ 6 − 5 =

㉓ 10 − 2 =

㉔ 15 − 7 =

㉕ 7 − 5 =

㉖ 4 − 2 =

㉗ 11 − 3 =

㉘ 14 − 9 =

㉙ 9 − 8 =

㉚ 8 − 5 =

㉛ 4 − 3 =

㉜ 17 − 9 =

㉝ 8 − 1 =

㉞ 12 − 8 =

㉟ 13 − 7 =

㊱ 7 − 2 =

㊲ 16 − 9 =

㊳ 9 − 7 =

㊴ 10 − 5 =

㊵ 14 − 6 =

㊶ 2 − 1 =

㊷ 15 − 6 =

㊸ 8 − 4 =

㊹ 11 − 2 =

㊺ 9 − 3 =

Your Time

min.　　sec.

Score

/45

44

Mixed Subtraction

Target Time

2 / 3 / 4 min.

* Based on your time from the previous page, circle a target time for completing this page.

Date / /

Name

● **Subtract.**

① 10 − 3 =

② 7 − 5 =

③ 5 − 4 =

④ 18 − 9 =

⑤ 12 − 5 =

⑥ 9 − 6 =

⑦ 8 − 3 =

⑧ 11 − 9 =

⑨ 9 − 2 =

⑩ 13 − 8 =

⑪ 4 − 3 =

⑫ 7 − 4 =

⑬ 16 − 8 =

⑭ 6 − 2 =

⑮ 14 − 9 =

⑯ 12 − 9 =

⑰ 2 − 1 =

⑱ 9 − 5 =

⑲ 10 − 4 =

⑳ 13 − 6 =

㉑ 3 − 1 =

㉒ 4 − 4 =

㉓ 10 − 9 =

㉔ 11 − 7 =

㉕ 17 − 9 =

㉖ 5 − 1 =

㉗ 14 − 5 =

㉘ 9 − 3 =

㉙ 8 − 2 =

㉚ 12 − 7 =

㉛ 16 − 7 =

㉜ 9 − 1 =

㉝ 12 − 4 =

㉞ 5 − 3 =

㉟ 8 − 7 =

㊱ 13 − 9 =

㊲ 6 − 1 =

㊳ 4 − 2 =

㊴ 10 − 7 =

㊵ 12 − 6 =

㊶ 9 − 4 =

㊷ 11 − 4 =

㊸ 7 − 6 =

㊹ 14 − 7 =

㊺ 10 − 1 =

Your Time

min.   sec.

Score

/45

Sprint
Mixed Subtraction

Target Time

2 / 3 / 4 min.

* Based on your time from the previous page, circle a target time for completing this page.

Date

Name

/ /

● **Subtract.**

① 11 − 3 =

② 10 − 6 =

③ 5 − 4 =

④ 15 − 8 =

⑤ 7 − 1 =

⑥ 8 − 5 =

⑦ 16 − 7 =

⑧ 5 − 2 =

⑨ 17 − 9 =

⑩ 9 − 8 =

⑪ 12 − 7 =

⑫ 7 − 7 =

⑬ 13 − 6 =

⑭ 5 − 3 =

⑮ 11 − 2 =

⑯ 12 − 3 =

⑰ 8 − 1 =

⑱ 11 − 6 =

⑲ 9 − 4 =

⑳ 16 − 8 =

㉑ 8 − 4 =

㉒ 18 − 9 =

㉓ 3 − 2 =

㉔ 5 − 1 =

㉕ 12 − 6 =

㉖ 7 − 4 =

㉗ 15 − 9 =

㉘ 10 − 2 =

㉙ 8 − 3 =

㉚ 6 − 4 =

㉛ 11 − 5 =

㉜ 7 − 6 =

㉝ 15 − 7 =

㉞ 8 − 6 =

㉟ 6 − 3 =

㊱ 13 − 5 =

㊲ 4 − 1 =

㊳ 15 − 6 =

㊴ 10 − 3 =

㊵ 9 − 7 =

㊶ 14 − 8 =

㊷ 6 − 5 =

㊸ 13 − 9 =

㊹ 7 − 2 =

㊺ 11 − 8 =

Your Time

min.   sec.

Score

/45

46

Mixed Subtraction

Target Time
2 / 3 / 4 min.
* Based on your time from the previous page, circle a target time for completing this page.

Date / / **Name**

● **Subtract.**

① $14 - 6 =$

② $7 - 2 =$

③ $8 - 5 =$

④ $10 - 8 =$

⑤ $2 - 1 =$

⑥ $6 - 2 =$

⑦ $13 - 7 =$

⑧ $9 - 1 =$

⑨ $15 - 7 =$

⑩ $8 - 2 =$

⑪ $14 - 5 =$

⑫ $12 - 9 =$

⑬ $4 - 1 =$

⑭ $10 - 5 =$

⑮ $9 - 5 =$

⑯ $5 - 3 =$

⑰ $14 - 9 =$

⑱ $11 - 2 =$

⑲ $8 - 1 =$

⑳ $10 - 7 =$

㉑ $12 - 5 =$

㉒ $4 - 3 =$

㉓ $6 - 5 =$

㉔ $10 - 2 =$

㉕ $13 - 4 =$

㉖ $9 - 3 =$

㉗ $6 - 6 =$

㉘ $12 - 8 =$

㉙ $8 - 7 =$

㉚ $10 - 4 =$

㉛ $10 - 1 =$

㉜ $8 - 4 =$

㉝ $11 - 7 =$

㉞ $5 - 4 =$

㉟ $16 - 8 =$

㊱ $7 - 1 =$

㊲ $17 - 8 =$

㊳ $6 - 3 =$

㊴ $10 - 9 =$

㊵ $12 - 4 =$

㊶ $9 - 2 =$

㊷ $8 - 6 =$

㊸ $13 - 8 =$

㊹ $11 - 4 =$

㊺ $3 - 2 =$

Score

Your Time

min.   sec.   /45

Sprint
Mixed Subtraction

Target Time

2 / 3 / 4 min.

* Based on your time from the previous page, circle a target time for completing this page.

Date

/ /

Name

● **Subtract.**

① 7 − 1 =

② 11 − 8 =

③ 16 − 9 =

④ 5 − 4 =

⑤ 10 − 2 =

⑥ 8 − 7 =

⑦ 9 − 5 =

⑧ 13 − 8 =

⑨ 3 − 1 =

⑩ 12 − 4 =

⑪ 6 − 2 =

⑫ 14 − 8 =

⑬ 7 − 5 =

⑭ 9 − 6 =

⑮ 10 − 4 =

⑯ 14 − 7 =

⑰ 9 − 4 =

⑱ 5 − 2 =

⑲ 11 − 9 =

⑳ 7 − 3 =

㉑ 17 − 9 =

㉒ 15 − 6 =

㉓ 4 − 1 =

㉔ 10 − 3 =

㉕ 16 − 7 =

㉖ 6 − 4 =

㉗ 12 − 8 =

㉘ 2 − 2 =

㉙ 14 − 9 =

㉚ 11 − 2 =

㉛ 3 − 1 =

㉜ 13 − 4 =

㉝ 4 − 2 =

㉞ 12 − 6 =

㉟ 9 − 8 =

㊱ 14 − 6 =

㊲ 8 − 1 =

㊳ 6 − 3 =

㊴ 17 − 8 =

㊵ 7 − 4 =

㊶ 15 − 9 =

㊷ 9 − 7 =

㊸ 11 − 6 =

㊹ 8 − 4 =

㊺ 12 − 5 =

Your Time

min.   sec.

Score

/45

48

Mixed Subtraction

Target Time

2 / 3 / 4 min.

* Based on your time from the previous page, circle a target time for completing this page.

Date / /

Name

● **Subtract.**

① 13 − 5 =

② 9 − 4 =

③ 11 − 7 =

④ 5 − 1 =

⑤ 14 − 8 =

⑥ 7 − 2 =

⑦ 12 − 5 =

⑧ 8 − 3 =

⑨ 10 − 1 =

⑩ 6 − 2 =

⑪ 16 − 8 =

⑫ 10 − 9 =

⑬ 3 − 3 =

⑭ 11 − 5 =

⑮ 15 − 8 =

⑯ 4 − 3 =

⑰ 5 − 2 =

⑱ 12 − 7 =

⑲ 6 − 5 =

⑳ 17 − 8 =

㉑ 9 − 6 =

㉒ 11 − 4 =

㉓ 7 − 5 =

㉔ 13 − 6 =

㉕ 4 − 1 =

㉖ 10 − 6 =

㉗ 12 − 3 =

㉘ 9 − 5 =

㉙ 8 − 2 =

㉚ 15 − 7 =

㉛ 10 − 5 =

㉜ 8 − 6 =

㉝ 13 − 7 =

㉞ 4 − 2 =

㉟ 6 − 1 =

㊱ 12 − 9 =

㊲ 5 − 3 =

㊳ 15 − 6 =

㊴ 9 − 3 =

㊵ 10 − 8 =

㊶ 7 − 3 =

㊷ 14 − 5 =

㊸ 3 − 2 =

㊹ 11 − 3 =

㊺ 9 − 8 =

Your Time

min.   sec.

Score

/45

49

Sprint
Mixed Subtraction

Target Time

2 / **3** / **4** min.

* Based on your time from the previous page, circle a target time for completing this page.

Date   Name

/   /

● **Subtract.**

① 11 − 5 =

② 10 − 7 =

③ 9 − 1 =

④ 12 − 9 =

⑤ 8 − 7 =

⑥ 13 − 5 =

⑦ 7 − 5 =

⑧ 16 − 7 =

⑨ 3 − 2 =

⑩ 10 − 4 =

⑪ 15 − 8 =

⑫ 6 − 3 =

⑬ 11 − 4 =

⑭ 8 − 2 =

⑮ 14 − 6 =

⑯ 11 − 9 =

⑰ 7 − 3 =

⑱ 16 − 9 =

⑲ 9 − 2 =

⑳ 10 − 1 =

㉑ 6 − 4 =

㉒ 7 − 6 =

㉓ 15 − 7 =

㉔ 4 − 2 =

㉕ 12 − 3 =

㉖ 5 − 4 =

㉗ 10 − 5 =

㉘ 2 − 1 =

㉙ 13 − 7 =

㉚ 9 − 4 =

㉛ 13 − 8 =

㉜ 5 − 3 =

㉝ 12 − 6 =

㉞ 6 − 6 =

㉟ 4 − 1 =

㊱ 14 − 5 =

㊲ 15 − 9 =

㊳ 9 − 7 =

㊴ 11 − 6 =

㊵ 10 − 2 =

㊶ 8 − 5 =

㊷ 7 − 2 =

㊸ 13 − 4 =

㊹ 9 − 5 =

㊺ 5 − 1 =

Your Time

min.   sec.

Score

/45

Sprint
Mixed Subtraction

Target Time

2 / 3 / 4 min.

* Based on your time from the previous page, circle a target time for completing this page.

Date   /   /

Name

● **Subtract.**

① $11 - 3 =$

② $4 - 3 =$

③ $13 - 4 =$

④ $10 - 7 =$

⑤ $8 - 6 =$

⑥ $9 - 1 =$

⑦ $14 - 7 =$

⑧ $7 - 3 =$

⑨ $10 - 5 =$

⑩ $6 - 2 =$

⑪ $12 - 4 =$

⑫ $7 - 6 =$

⑬ $16 - 7 =$

⑭ $5 - 4 =$

⑮ $2 - 1 =$

⑯ $17 - 8 =$

⑰ $8 - 3 =$

⑱ $9 - 6 =$

⑲ $11 - 9 =$

⑳ $12 - 7 =$

㉑ $6 - 4 =$

㉒ $13 - 6 =$

㉓ $18 - 9 =$

㉔ $3 - 1 =$

㉕ $11 - 6 =$

㉖ $8 - 2 =$

㉗ $14 - 9 =$

㉘ $10 - 3 =$

㉙ $5 - 4 =$

㉚ $9 - 5 =$

㉛ $6 - 1 =$

㉜ $10 - 9 =$

㉝ $9 - 8 =$

㉞ $11 - 4 =$

㉟ $5 - 2 =$

㊱ $17 - 9 =$

㊲ $12 - 8 =$

㊳ $7 - 5 =$

㊴ $16 - 9 =$

㊵ $4 - 4 =$

㊶ $15 - 9 =$

㊷ $13 - 7 =$

㊸ $6 - 3 =$

㊹ $14 - 5 =$

㊺ $8 - 4 =$

Your Time   min.   sec.

Score   /45

51

Sprint
Mixed Subtraction

Target Time

2 / 3 / 4 min.

* Based on your time from the previous page, circle a target time for completing this page.

Date

Name

/ /

● **Subtract.**

① 7 − 2 =

② 12 − 5 =

③ 8 − 2 =

④ 5 − 1 =

⑤ 10 − 8 =

⑥ 15 − 6 =

⑦ 3 − 2 =

⑧ 14 − 8 =

⑨ 9 − 4 =

⑩ 11 − 5 =

⑪ 13 − 8 =

⑫ 7 − 7 =

⑬ 2 − 1 =

⑭ 12 − 4 =

⑮ 6 − 2 =

⑯ 15 − 8 =

⑰ 8 − 5 =

⑱ 11 − 7 =

⑲ 9 − 3 =

⑳ 10 − 2 =

㉑ 6 − 5 =

㉒ 12 − 7 =

㉓ 7 − 4 =

㉔ 9 − 2 =

㉕ 16 − 8 =

㉖ 8 − 6 =

㉗ 12 − 3 =

㉘ 4 − 1 =

㉙ 10 − 1 =

㉚ 14 − 6 =

㉛ 17 − 9 =

㉜ 7 − 6 =

㉝ 10 − 9 =

㉞ 8 − 1 =

㉟ 13 − 9 =

㊱ 9 − 7 =

㊲ 12 − 6 =

㊳ 15 − 9 =

㊴ 5 − 2 =

㊵ 11 − 2 =

㊶ 6 − 4 =

㊷ 13 − 6 =

㊸ 4 − 3 =

㊹ 10 − 6 =

㊺ 6 − 1 =

Your Time

Score

min. sec.

/45

Sprint
Mixed Subtraction

Target Time

2 / 3 / 4 min.

* Based on your time from the previous page, circle a target time for completing this page.

Date / /

Name

● **Subtract.**

① $11 - 3 =$

② $8 - 1 =$

③ $14 - 9 =$

④ $12 - 3 =$

⑤ $7 - 2 =$

⑥ $10 - 4 =$

⑦ $9 - 6 =$

⑧ $17 - 9 =$

⑨ $5 - 1 =$

⑩ $16 - 7 =$

⑪ $6 - 4 =$

⑫ $15 - 9 =$

⑬ $9 - 4 =$

⑭ $13 - 7 =$

⑮ $6 - 2 =$

⑯ $8 - 7 =$

⑰ $10 - 3 =$

⑱ $3 - 1 =$

⑲ $11 - 2 =$

⑳ $7 - 1 =$

㉑ $6 - 3 =$

㉒ $18 - 9 =$

㉓ $9 - 1 =$

㉔ $8 - 8 =$

㉕ $14 - 5 =$

㉖ $5 - 4 =$

㉗ $12 - 8 =$

㉘ $11 - 9 =$

㉙ $9 - 2 =$

㉚ $13 - 5 =$

㉛ $13 - 8 =$

㉜ $3 - 2 =$

㉝ $15 - 7 =$

㉞ $7 - 5 =$

㉟ $12 - 6 =$

㊱ $9 - 5 =$

㊲ $4 - 1 =$

㊳ $14 - 7 =$

㊴ $5 - 3 =$

㊵ $10 - 5 =$

㊶ $11 - 8 =$

㊷ $8 - 4 =$

㊸ $10 - 7 =$

㊹ $16 - 9 =$

㊺ $9 - 8 =$

Your Time

min.   sec.

Score

／45

53

Sprint
Mixed Subtraction

Target Time

2 / 3 / 4 min.

* Based on your time from the previous page, circle a target time for completing this page.

Date   /   /

Name

● **Subtract.**

① 7 − 4 =

② 13 − 6 =

③ 8 − 5 =

④ 10 − 1 =

⑤ 11 − 5 =

⑥ 5 − 3 =

⑦ 16 − 8 =

⑧ 9 − 7 =

⑨ 15 − 6 =

⑩ 6 − 5 =

⑪ 14 − 9 =

⑫ 8 − 3 =

⑬ 12 − 5 =

⑭ 3 − 1 =

⑮ 11 − 6 =

⑯ 8 − 2 =

⑰ 11 − 7 =

⑱ 4 − 3 =

⑲ 6 − 1 =

⑳ 12 − 7 =

㉑ 9 − 3 =

㉒ 7 − 6 =

㉓ 10 − 6 =

㉔ 17 − 8 =

㉕ 8 − 1 =

㉖ 13 − 4 =

㉗ 5 − 2 =

㉘ 14 − 7 =

㉙ 3 − 3 =

㉚ 11 − 3 =

㉛ 9 − 6 =

㉜ 10 − 3 =

㉝ 4 − 2 =

㉞ 13 − 5 =

㉟ 5 − 1 =

㊱ 8 − 7 =

㊲ 11 − 8 =

㊳ 7 − 1 =

㊴ 15 − 7 =

㊵ 14 − 8 =

㊶ 2 − 1 =

㊷ 13 − 9 =

㊸ 18 − 9 =

㊹ 8 − 6 =

㊺ 12 − 4 =

Your Time

min.   sec.

Score

/45

Sprint
Mixed Subtraction

Target Time

2 / 3 / 4 min.

* Based on your time from the previous page, circle a target time for completing this page.

Date   Name

/ /

● **Subtract.**

① 9 − 1 =

② 11 − 5 =

③ 8 − 6 =

④ 10 − 4 =

⑤ 6 − 1 =

⑥ 14 − 5 =

⑦ 15 − 7 =

⑧ 7 − 5 =

⑨ 12 − 9 =

⑩ 3 − 1 =

⑪ 13 − 8 =

⑫ 2 − 2 =

⑬ 10 − 9 =

⑭ 11 − 4 =

⑮ 5 − 4 =

⑯ 7 − 1 =

⑰ 11 − 6 =

⑱ 9 − 8 =

⑲ 12 − 5 =

⑳ 8 − 4 =

㉑ 13 − 9 =

㉒ 6 − 2 =

㉓ 10 − 1 =

㉔ 7 − 3 =

㉕ 15 − 8 =

㉖ 4 − 3 =

㉗ 14 − 8 =

㉘ 11 − 3 =

㉙ 9 − 3 =

㉚ 17 − 9 =

㉛ 6 − 4 =

㉜ 13 − 5 =

㉝ 3 − 2 =

㉞ 16 − 7 =

㉟ 7 − 4 =

㊱ 9 − 2 =

㊲ 10 − 8 =

㊳ 8 − 3 =

㊴ 11 − 2 =

㊵ 14 − 9 =

㊶ 5 − 2 =

㊷ 13 − 6 =

㊸ 4 − 1 =

㊹ 12 − 3 =

㊺ 9 − 5 =

Your Time

min.   sec.

Score

/45

Sprint Mixed Subtraction

Target Time

2 / 3 / 4 min.

* Based on your time from the previous page,
circle a target time for completing this page.

Date

Name

/   /

● **Subtract.**

① 9 − 4 =

② 14 − 6 =

③ 4 − 2 =

④ 12 − 4 =

⑤ 8 − 7 =

⑥ 17 − 9 =

⑦ 7 − 3 =

⑧ 10 − 6 =

⑨ 15 − 9 =

⑩ 5 − 3 =

⑪ 11 − 9 =

⑫ 12 − 3 =

⑬ 7 − 6 =

⑭ 10 − 7 =

⑮ 8 − 2 =

⑯ 15 − 8 =

⑰ 9 − 5 =

⑱ 10 − 2 =

⑲ 5 − 4 =

⑳ 17 − 8 =

㉑ 8 − 3 =

㉒ 14 − 7 =

㉓ 7 − 5 =

㉔ 16 − 8 =

㉕ 6 − 1 =

㉖ 12 − 8 =

㉗ 8 − 4 =

㉘ 9 − 7 =

㉙ 11 − 4 =

㉚ 3 − 3 =

㉛ 5 − 2 =

㉜ 13 − 4 =

㉝ 9 − 6 =

㉞ 16 − 9 =

㉟ 6 − 3 =

㊱ 11 − 7 =

㊲ 15 − 6 =

㊳ 2 − 1 =

㊴ 12 − 7 =

㊵ 18 − 9 =

㊶ 7 − 2 =

㊷ 13 − 7 =

㊸ 8 − 5 =

㊹ 10 − 5 =

㊺ 9 − 8 =

Your Time

min.   sec.

Score

/45

© Kumon Publishing Co., Ltd.

56

Sprint Mixed Subtraction

Target Time

2 / 3 / 4 min.

* Based on your time from the previous page, circle a target time for completing this page.

Date / /

Name

● **Subtract.**

① $12 - 7 =$

② $10 - 2 =$

③ $7 - 1 =$

④ $13 - 8 =$

⑤ $9 - 3 =$

⑥ $14 - 9 =$

⑦ $8 - 5 =$

⑧ $3 - 2 =$

⑨ $17 - 8 =$

⑩ $7 - 3 =$

⑪ $11 - 8 =$

⑫ $9 - 1 =$

⑬ $6 - 5 =$

⑭ $13 - 6 =$

⑮ $10 - 4 =$

⑯ $13 - 4 =$

⑰ $5 - 1 =$

⑱ $7 - 2 =$

⑲ $12 - 8 =$

⑳ $4 - 3 =$

㉑ $14 - 6 =$

㉒ $6 - 3 =$

㉓ $10 - 8 =$

㉔ $11 - 2 =$

㉕ $8 - 1 =$

㉖ $12 - 6 =$

㉗ $9 - 4 =$

㉘ $15 - 8 =$

㉙ $7 - 6 =$

㉚ $6 - 4 =$

㉛ $11 - 7 =$

㉜ $9 - 2 =$

㉝ $12 - 9 =$

㉞ $14 - 5 =$

㉟ $7 - 4 =$

㊱ $16 - 8 =$

㊲ $3 - 1 =$

㊳ $13 - 5 =$

㊴ $4 - 2 =$

㊵ $10 - 3 =$

㊶ $8 - 4 =$

㊷ $15 - 6 =$

㊸ $6 - 6 =$

㊹ $14 - 8 =$

㊺ $9 - 7 =$

Congratulations! You have really improved your speed and accuracy!

Your Time

min.   sec.

Score

/45

Answer Key
Subtraction

---

1 Warm-Up
Subtraction −1

Date / / Name

1 Read each number sentence aloud. Trace each answer.

1-1 = 0   5-1 = 4   9-1 = 8
2-1 = 1   6-1 = 5   10-1 = 9
3-1 = 2   7-1 = 6
4-1 = 3

2 Subtract. Time how long it takes to complete the subtraction problems. Log your time below.

2-1 = 1   4-1 = 3   8-1 = 7
3-1 = 2   6-1 = 5   4-1 = 3
4-1 = 3   8-1 = 7   9-1 = 8
6-1 = 5   1-1 = 0   6-1 = 5
7-1 = 6   3-1 = 2   1-1 = 0
8-1 = 7   5-1 = 4   7-1 = 6
1-1 = 0   7-1 = 6   3-1 = 2
5-1 = 4   9-1 = 8   8-1 = 7
9-1 = 8   2-1 = 1   2-1 = 1
2-1 = 1   4-1 = 3   5-1 = 4

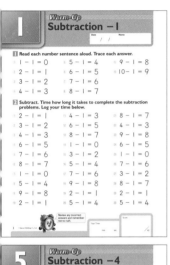

---

2 Warm-Up
Subtraction −2

Date / / Name

1 Read each number sentence aloud. Trace each answer.

2-2 = 0   6-2 = 4   10-2 = 8
3-2 = 1   7-2 = 5   11-2 = 9
4-2 = 2   8-2 = 6
5-2 = 3   9-2 = 7

2 Subtract. Time how long it takes to complete the subtraction problems. Log your time below.

3-2 = 1   11-2 = 9   10-2 = 8
4-2 = 2   6-2 = 4   6-2 = 4
5-2 = 3   3-2 = 1   5-2 = 3
7-2 = 5   5-2 = 3   5-2 = 3
8-2 = 6   7-2 = 5   4-2 = 2
9-2 = 7   9-2 = 7   11-2 = 9
11-2 = 9   4-2 = 2   2-2 = 0
2-2 = 0   10-2 = 8   8-2 = 6
6-2 = 4   2-2 = 0   3-2 = 1
3-2 = 1   5-2 = 3   7-2 = 5

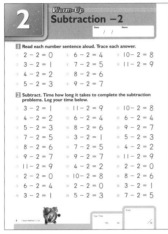

---

3 Warm-Up
Subtraction −3

Date / / Name

1 Read each number sentence aloud. Trace each answer.

3-3 = 0   7-3 = 4   11-3 = 8
4-3 = 1   8-3 = 5   12-3 = 9
5-3 = 2   9-3 = 6
6-3 = 3   10-3 = 7

2 Subtract. Time how long it takes to complete the subtraction problems. Log your time below.

3-3 = 0   11-3 = 8   9-3 = 6
4-3 = 1   5-3 = 2   4-3 = 1
5-3 = 2   10-3 = 7   3-3 = 0
7-3 = 4   3-3 = 0   5-3 = 2
8-3 = 5   6-3 = 3   8-3 = 5
10-3 = 7   9-3 = 6   10-3 = 7
11-3 = 8   4-3 = 1   3-3 = 0
2-3 = 0   8-3 = 5   6-3 = 3
6-3 = 3   7-3 = 4   12-3 = 9
9-3 = 6   12-3 = 9   7-3 = 4

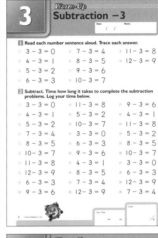

---

4 Warm-Up
Review: Subtraction from −1 to −3

Date / / Name

● Subtract. Time how long it takes to complete the subtraction problems. Log your time below.

1-1 = 0   7-2 = 5   5-1 = 4
2-1 = 1   8-2 = 6   5-3 = 2
3-1 = 2   9-2 = 7   7-1 = 6
4-1 = 3   10-2 = 8   7-2 = 5
5-1 = 4   11-2 = 9   7-3 = 4
6-1 = 5   3-3 = 0   7-3 = 4
7-1 = 6   4-3 = 1   4-1 = 3
8-1 = 7   5-3 = 2   4-2 = 2
9-1 = 8   6-3 = 3   4-3 = 1
10-1 = 9   7-3 = 4   8-1 = 7
2-2 = 0   8-3 = 5   8-2 = 6
3-2 = 1   9-3 = 6   8-3 = 5
4-2 = 2   10-3 = 7   9-1 = 8
5-2 = 3   11-3 = 8   9-2 = 7
6-2 = 4   12-3 = 9   9-3 = 6

---

5 Warm-Up
Subtraction −4

Date / / Name

1 Read each number sentence aloud. Trace each answer.

4-4 = 0   8-4 = 4   12-4 = 8
5-4 = 1   9-4 = 5   13-4 = 9
6-4 = 2   10-4 = 6
7-4 = 3   11-4 = 7

2 Subtract. Time how long it takes to complete the subtraction problems. Log your time below.

4-4 = 0   5-4 = 1   10-4 = 6
5-4 = 1   9-4 = 5   6-4 = 2
6-4 = 2   4-4 = 0   5-4 = 1
8-4 = 4   13-4 = 9   11-4 = 7
9-4 = 5   8-4 = 4   9-4 = 5
6-4 = 2   6-4 = 2   4-4 = 0
11-4 = 7   11-4 = 7   12-4 = 8
13-4 = 9   7-4 = 3   7-4 = 3
12-4 = 8   6-4 = 2   13-4 = 9
7-4 = 3   12-4 = 8   8-4 = 4

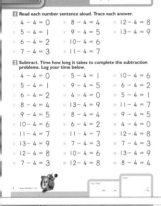

---

6 Warm-Up
Subtraction −5

Date / / Name

1 Read each number sentence aloud. Trace each answer.

5-5 = 0   9-5 = 4   13-5 = 8
6-5 = 1   10-5 = 5   14-5 = 9
7-5 = 2   11-5 = 6
8-5 = 3   12-5 = 7

2 Subtract. Time how long it takes to complete the subtraction problems. Log your time below.

5-5 = 0   8-5 = 3   9-5 = 4
6-5 = 1   12-5 = 7   6-5 = 1
8-5 = 3   9-5 = 4   13-5 = 8
9-5 = 4   10-5 = 5   11-5 = 6
11-5 = 6   7-5 = 2   6-5 = 1
13-5 = 8   5-5 = 0   7-5 = 2
14-5 = 9   11-5 = 6   10-5 = 5
7-5 = 2   14-5 = 9   8-5 = 3
12-5 = 7   6-5 = 1   14-5 = 9

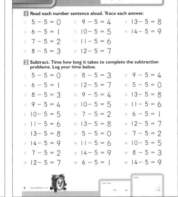

---

7 Warm-Up
Subtraction −6

Date / / Name

1 Read each number sentence aloud. Trace each answer.

6-6 = 0   10-6 = 4   14-6 = 8
7-6 = 1   11-6 = 5   15-6 = 9
8-6 = 2   12-6 = 6
9-6 = 3   13-6 = 7

2 Subtract. Time how long it takes to complete the subtraction problems. Log your time below.

6-6 = 0   10-6 = 4   7-6 = 1
7-6 = 1   6-6 = 0   15-6 = 9
8-6 = 2   11-6 = 5   8-6 = 2
9-6 = 3   7-6 = 1   13-6 = 7
10-6 = 4   12-6 = 6   6-6 = 0
11-6 = 5   15-6 = 9   12-6 = 6
13-6 = 7   8-6 = 2   9-6 = 3
15-6 = 9   13-6 = 7   11-6 = 5
7-6 = 1   9-6 = 3   10-6 = 4
14-6 = 8   14-6 = 8   14-6 = 8

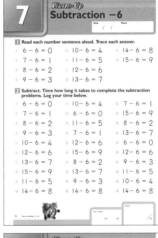

---

8 Warm-Up
Review: Subtraction from −4 to −6

Date / / Name

● Subtract. Time how long it takes to complete the subtraction problems. Log your time below.

4-4 = 0   10-5 = 5   11-4 = 7
5-4 = 1   11-5 = 6   6-5 = 1
6-4 = 2   12-5 = 7   12-6 = 6
7-4 = 3   13-5 = 8   8-4 = 4
8-4 = 4   14-5 = 9   13-5 = 8
9-4 = 5   6-6 = 0   7-6 = 1
10-4 = 6   7-6 = 1   13-4 = 9
11-4 = 7   8-6 = 2   5-5 = 0
12-4 = 8   9-6 = 3   13-6 = 7
13-4 = 9   10-6 = 4   6-4 = 2
5-5 = 0   11-6 = 5   8-5 = 3
6-5 = 1   12-6 = 6   15-6 = 9
7-5 = 2   13-6 = 7   9-4 = 5
8-5 = 3   14-6 = 8   7-5 = 2
9-5 = 4   15-6 = 9   10-6 = 4

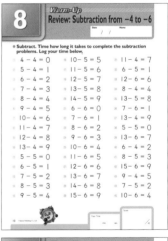

---

9 Warm-Up
Subtraction −7

Date / / Name

1 Read each number sentence aloud. Trace each answer.

7-7 = 0   11-7 = 4   15-7 = 8
8-7 = 1   12-7 = 5   16-7 = 9
9-7 = 2   13-7 = 6
10-7 = 3   14-7 = 7

2 Subtract. Time how long it takes to complete the subtraction problems. Log your time below.

8-7 = 1   14-7 = 7   15-7 = 8
9-7 = 2   8-7 = 1   10-7 = 3
10-7 = 3   11-7 = 4   12-7 = 5
11-7 = 4   7-7 = 0   8-7 = 1
12-7 = 5   9-7 = 2   7-7 = 0
14-7 = 7   9-7 = 2   11-7 = 4
15-7 = 8   15-7 = 8   14-7 = 7
7-7 = 0   10-7 = 3   7-7 = 0
12-7 = 5   13-7 = 6   13-7 = 6

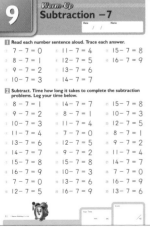

---

10 Warm-Up
Subtraction −8

Date / / Name

1 Read each number sentence aloud. Trace each answer.

8-8 = 0   12-8 = 4   16-8 = 8
9-8 = 1   13-8 = 5   17-8 = 9
10-8 = 2   14-8 = 6
11-8 = 3   15-8 = 7

2 Subtract. Time how long it takes to complete the subtraction problems. Log your time below.

8-8 = 0   14-8 = 6   12-8 = 4
9-8 = 1   11-8 = 3   16-8 = 8
10-8 = 2   15-8 = 7   8-8 = 0
11-8 = 3   9-8 = 1   13-8 = 5
13-8 = 5   13-8 = 5   9-8 = 1
14-8 = 6   8-8 = 0   17-8 = 9
15-8 = 7   16-8 = 8   10-8 = 2
12-8 = 4   12-8 = 4   11-8 = 3
16-8 = 8   17-8 = 9   15-8 = 7

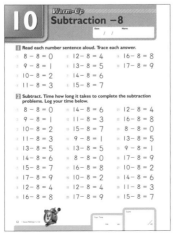

---

11 Warm-Up
Subtraction −9

Date / / Name

1 Read each number sentence aloud. Trace each answer.

9-9 = 0   13-9 = 4   17-9 = 8
10-9 = 1   14-9 = 5   18-9 = 9
11-9 = 2   15-9 = 6
12-9 = 3   16-9 = 7

2 Subtract. Time how long it takes to complete the subtraction problems. Log your time below.

9-9 = 0   12-9 = 3   13-9 = 4
10-9 = 1   9-9 = 0   11-9 = 2
11-9 = 2   17-9 = 8   14-9 = 5
13-9 = 3   13-9 = 4   9-9 = 0
15-9 = 6   10-9 = 1   15-9 = 6
17-9 = 6   14-9 = 5   10-9 = 1
9-9 = 0   11-9 = 2   17-9 = 8
13-9 = 4   15-9 = 6   18-9 = 9
12-9 = 3   18-9 = 9   16-9 = 7
16-9 = 7   16-9 = 7   18-9 = 9

---

12 Warm-Up
Review: Subtraction from −7 to −9

Date / / Name

● Subtract. Time how long it takes to complete the subtraction problems. Log your time below.

7-7 = 0   13-8 = 5   10-7 = 3
8-7 = 1   14-8 = 6   14-8 = 6
9-7 = 2   15-8 = 7   15-9 = 6
10-7 = 3   16-8 = 8   14-7 = 7
11-7 = 4   17-8 = 9   10-8 = 2
12-7 = 5   9-9 = 0   17-9 = 8
13-7 = 6   10-9 = 1   11-7 = 4
14-7 = 7   11-9 = 2   17-8 = 9
15-7 = 8   12-9 = 3   10-9 = 1
7-8 = 0   13-9 = 4   16-7 = 9
8-8 = 0   14-9 = 5   11-8 = 3
9-8 = 1   15-9 = 6   12-9 = 3
10-8 = 2   16-9 = 7   8-7 = 1
11-8 = 3   17-9 = 8   15-8 = 7
12-8 = 4   18-9 = 9   14-9 = 5

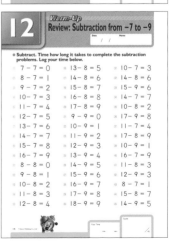

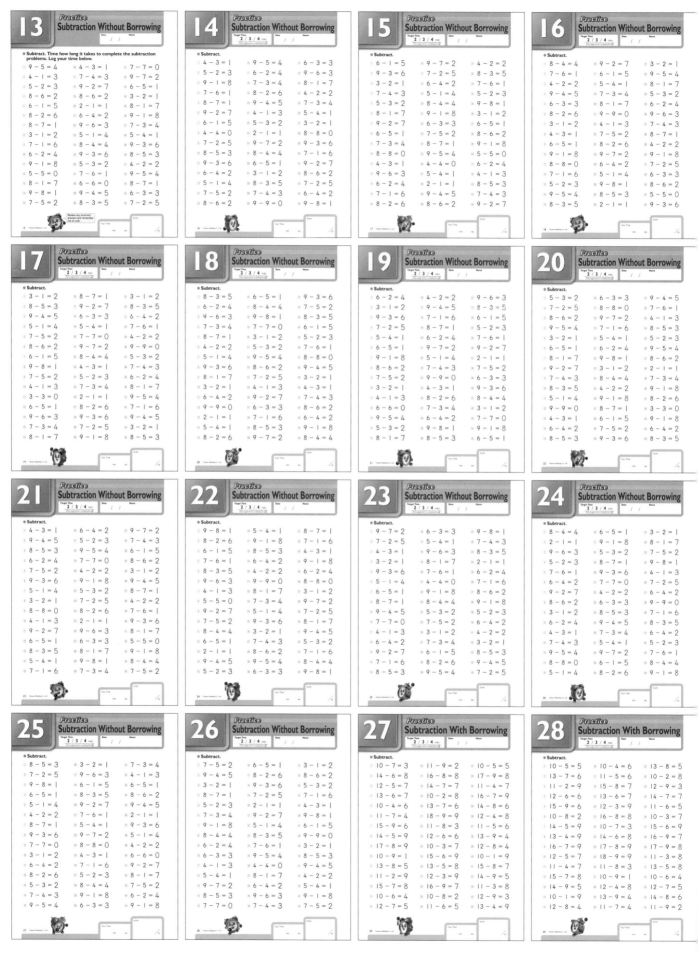

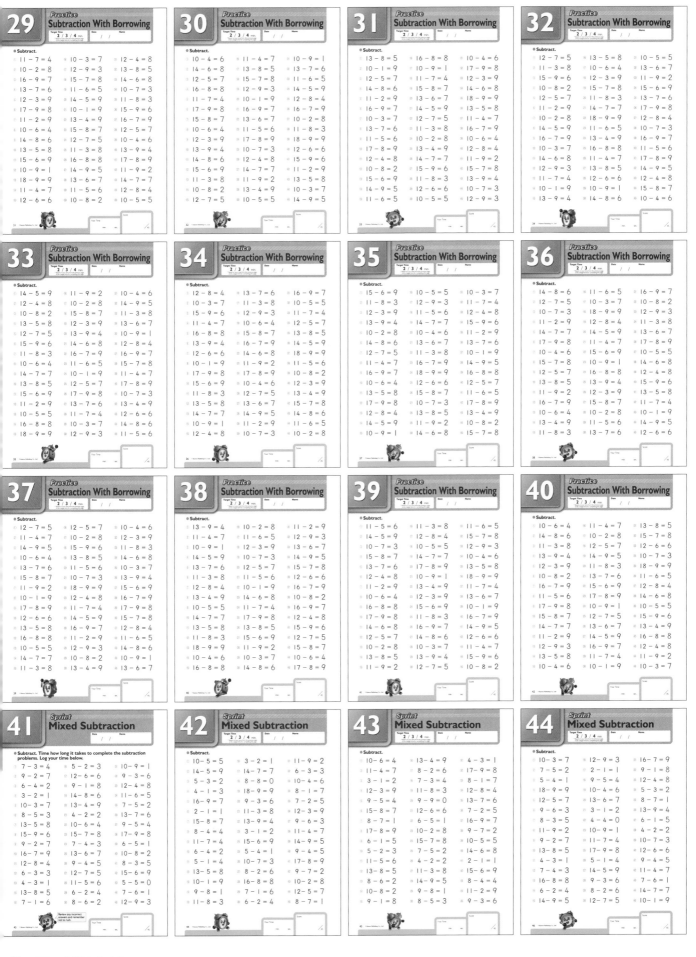

29 — Practice: Subtraction With Borrowing
Target Time 2 / 3 / 4 min.

● Subtract.

11 − 7 = 4	10 − 3 = 7	12 − 4 = 8
12 − 2 = 8	17 − 9 = 3	13 − 8 = 5
16 − 9 = 7	15 − 7 = 8	10 − 7 = 3
13 − 7 = 6	11 − 6 = 5	12 − 8 = 4
17 − 9 = 8	14 − 5 = 9	11 − 8 = 3
11 − 2 = 9	13 − 4 = 9	16 − 7 = 9
10 − 6 = 4	15 − 8 = 7	12 − 5 = 7
18 − 4 = 6	11 − 3 = 8	10 − 4 = 6
13 − 5 = 8	16 − 8 = 8	13 − 9 = 4
15 − 6 = 9	14 − 9 = 5	17 − 8 = 9
10 − 9 = 1	13 − 6 = 7	11 − 9 = 2
11 − 4 = 7	10 − 8 = 2	14 − 7 = 7
12 − 6 = 6		10 − 5 = 5

30 — Practice: Subtraction With Borrowing
Target Time 2 / 3 / 4 min.

● Subtract.

10 − 4 = 6	11 − 4 = 7	10 − 9 = 1
14 − 6 = 8	13 − 8 = 5	13 − 7 = 6
12 − 5 = 7	15 − 7 = 8	11 − 6 = 5
16 − 8 = 8	12 − 9 = 3	14 − 5 = 9
11 − 7 = 4	10 − 1 = 9	12 − 8 = 4
17 − 9 = 8	13 − 6 = 7	16 − 9 = 7
15 − 8 = 7	11 − 5 = 6	10 − 2 = 8
10 − 6 = 4	17 − 8 = 9	11 − 8 = 3
13 − 9 = 4	10 − 7 = 3	12 − 6 = 6
14 − 8 = 8	12 − 4 = 8	15 − 9 = 6
15 − 6 = 9	14 − 7 = 7	11 − 2 = 9
10 − 8 = 2	13 − 4 = 9	13 − 5 = 8
12 − 7 = 5	10 − 5 = 5	14 − 9 = 5

31 — Practice: Subtraction With Borrowing
Target Time 2 / 3 / 4 min.

● Subtract.

13 − 8 = 5	16 − 8 = 8	10 − 4 = 6
10 − 1 = 9	10 − 9 = 1	11 − 7 = 4
12 − 5 = 7	15 − 8 = 7	12 − 3 = 9
14 − 8 = 6	13 − 6 = 7	14 − 6 = 8
11 − 2 = 9	11 − 5 = 6	13 − 5 = 8
16 − 9 = 7	14 − 5 = 9	17 − 9 = 8
10 − 3 = 7	12 − 7 = 5	11 − 4 = 7
13 − 7 = 6	11 − 3 = 8	16 − 7 = 9
17 − 8 = 9	13 − 4 = 9	12 − 8 = 4
12 − 4 = 8	14 − 7 = 7	11 − 9 = 2
10 − 8 = 2	15 − 9 = 6	15 − 7 = 8
14 − 9 = 5	12 − 6 = 6	13 − 9 = 4
11 − 6 = 5	10 − 5 = 5	12 − 9 = 3

32 — Practice: Subtraction With Borrowing
Target Time 2 / 3 / 4 min.

● Subtract.

12 − 7 = 5	13 − 5 = 8	10 − 5 = 5
11 − 3 = 8	10 − 4 = 6	11 − 4 = 7
15 − 9 = 6	12 − 3 = 9	11 − 9 = 2
10 − 8 = 2	15 − 7 = 8	13 − 7 = 6
12 − 5 = 7	14 − 7 = 7	17 − 9 = 8
11 − 2 = 9	18 − 9 = 9	12 − 8 = 4
10 − 2 = 8	11 − 6 = 5	10 − 7 = 3
14 − 5 = 9	13 − 4 = 9	16 − 9 = 7
10 − 3 = 7	16 − 8 = 8	11 − 5 = 6
14 − 6 = 8	11 − 8 = 3	17 − 8 = 9
12 − 9 = 3	12 − 8 = 4	14 − 9 = 5
10 − 1 = 9	10 − 9 = 1	15 − 8 = 7
13 − 9 = 4	14 − 8 = 6	10 − 4 = 6

33 — Practice: Subtraction With Borrowing
Target Time 2 / 3 / 4 min.

● Subtract.

14 − 5 = 9	11 − 9 = 2	10 − 4 = 6
12 − 4 = 8	10 − 2 = 8	14 − 9 = 5
10 − 8 = 2	15 − 8 = 7	11 − 3 = 8
13 − 5 = 8	12 − 3 = 9	13 − 6 = 7
15 − 7 = 8	13 − 9 = 4	10 − 9 = 1
15 − 9 = 6	14 − 6 = 8	12 − 8 = 4
11 − 8 = 3	16 − 7 = 9	16 − 9 = 7
10 − 6 = 4	11 − 6 = 5	15 − 7 = 8
14 − 7 = 7	10 − 1 = 9	11 − 4 = 7
13 − 8 = 5	12 − 5 = 7	17 − 8 = 9
15 − 6 = 9	17 − 9 = 8	10 − 7 = 3
11 − 2 = 9	11 − 7 = 4	13 − 4 = 9
10 − 5 = 5		12 − 6 = 6
16 − 8 = 8	10 − 3 = 7	14 − 8 = 6
18 − 9 = 9	12 − 9 = 3	11 − 5 = 6

34 — Practice: Subtraction With Borrowing
Target Time 2 / 3 / 4 min.

● Subtract.

12 − 8 = 4	13 − 7 = 6	16 − 9 = 7
10 − 3 = 7	11 − 3 = 8	10 − 5 = 5
15 − 9 = 6	12 − 9 = 3	11 − 7 = 4
11 − 4 = 7	10 − 6 = 4	12 − 5 = 7
16 − 8 = 8	15 − 7 = 8	13 − 9 = 4
13 − 9 = 4	16 − 7 = 9	14 − 5 = 9
12 − 6 = 6	14 − 6 = 8	18 − 9 = 9
17 − 9 = 8	11 − 2 = 9	10 − 4 = 6
15 − 6 = 9	10 − 4 = 6	12 − 3 = 9
11 − 8 = 3	12 − 7 = 5	13 − 4 = 9
13 − 5 = 8	14 − 9 = 5	14 − 8 = 6
14 − 7 = 7	14 − 9 = 5	11 − 6 = 5
10 − 9 = 1	11 − 2 = 9	11 − 6 = 5
12 − 4 = 8	10 − 7 = 3	10 − 2 = 8

35 — Practice: Subtraction With Borrowing
Target Time 2 / 3 / 4 min.

● Subtract.

11 − 6 = 9	10 − 5 = 5	10 − 3 = 7
11 − 8 = 3	12 − 9 = 3	11 − 7 = 4
12 − 3 = 9	11 − 5 = 6	12 − 4 = 8
13 − 9 = 4	14 − 7 = 7	15 − 9 = 6
14 − 8 = 6	13 − 6 = 7	13 − 7 = 6
12 − 7 = 5	11 − 3 = 8	10 − 1 = 9
11 − 4 = 7	19 − 9 = 8	12 − 6 = 6
16 − 9 = 7	18 − 9 = 9	16 − 8 = 8
13 − 5 = 8	15 − 8 = 7	11 − 6 = 5
17 − 9 = 8	13 − 8 = 5	13 − 4 = 9
12 − 8 = 4	13 − 8 = 5	10 − 8 = 2
10 − 9 = 1	14 − 6 = 8	15 − 7 = 8

36 — Practice: Subtraction With Borrowing
Target Time 2 / 3 / 4 min.

● Subtract.

14 − 8 = 6	11 − 6 = 5	16 − 9 = 7
12 − 7 = 5	10 − 3 = 7	10 − 8 = 2
10 − 7 = 3	18 − 9 = 9	12 − 9 = 3
14 − 7 = 9	13 − 8 = 4	11 − 3 = 8
14 − 7 = 9	14 − 5 = 9	13 − 6 = 7
17 − 9 = 8	11 − 4 = 7	17 − 8 = 9
10 − 4 = 6	15 − 6 = 9	10 − 5 = 5
12 − 5 = 7	16 − 8 = 8	14 − 6 = 8
13 − 8 = 5	13 − 9 = 4	15 − 9 = 6
11 − 9 = 2	12 − 3 = 9	13 − 5 = 8
16 − 7 = 9	15 − 8 = 7	11 − 7 = 4
10 − 6 = 4	10 − 2 = 8	10 − 1 = 9
13 − 4 = 9	11 − 5 = 6	14 − 9 = 5
11 − 8 = 3	13 − 7 = 6	12 − 6 = 6

37 — Practice: Subtraction With Borrowing
Target Time 2 / 3 / 4 min.

● Subtract.

12 − 7 = 5	12 − 5 = 7	10 − 4 = 6
11 − 4 = 7	10 − 2 = 8	12 − 3 = 9
14 − 9 = 5	15 − 9 = 6	11 − 8 = 3
10 − 6 = 4	13 − 8 = 5	16 − 8 = 8
13 − 7 = 6	11 − 5 = 6	10 − 3 = 7
15 − 8 = 7	10 − 7 = 3	13 − 9 = 4
11 − 9 = 2	13 − 8 = 5	15 − 9 = 6
10 − 1 = 9	12 − 4 = 8	16 − 7 = 9
17 − 8 = 9	11 − 7 = 4	17 − 9 = 8
12 − 6 = 6	14 − 5 = 9	15 − 7 = 8
13 − 8 = 5	11 − 9 = 2	12 − 8 = 4
16 − 8 = 8	11 − 2 = 9	11 − 6 = 5
10 − 5 = 5	12 − 9 = 3	14 − 8 = 6
14 − 7 = 7	13 − 8 = 5	10 − 9 = 1
11 − 2 = 9	13 − 8 = 5	13 − 6 = 7

38 — Practice: Subtraction With Borrowing
Target Time 2 / 3 / 4 min.

● Subtract.

13 − 9 = 4	10 − 2 = 8	11 − 2 = 9
11 − 4 = 7	11 − 6 = 5	12 − 9 = 3
10 − 9 = 1	12 − 3 = 9	13 − 6 = 7
14 − 5 = 9	10 − 7 = 3	15 − 7 = 8
13 − 7 = 6	12 − 5 = 7	15 − 7 = 8
11 − 3 = 8	11 − 5 = 6	12 − 6 = 6
12 − 8 = 4	10 − 1 = 9	16 − 9 = 7
13 − 4 = 9	14 − 6 = 8	10 − 8 = 2
10 − 5 = 5	11 − 7 = 4	16 − 9 = 7
14 − 7 = 7	17 − 9 = 8	12 − 4 = 8
13 − 8 = 5	15 − 6 = 9	12 − 7 = 5
18 − 9 = 9	11 − 9 = 2	15 − 8 = 7
14 − 6 = 8	10 − 3 = 7	17 − 8 = 9

39 — Practice: Subtraction With Borrowing
Target Time 2 / 3 / 4 min.

● Subtract.

11 − 5 = 6	11 − 3 = 8	11 − 6 = 5
14 − 5 = 9	12 − 8 = 4	15 − 7 = 8
10 − 3 = 7	10 − 5 = 5	12 − 3 = 9
13 − 7 = 6	14 − 7 = 7	10 − 4 = 6
13 − 7 = 6	17 − 8 = 9	13 − 5 = 8
12 − 4 = 8	10 − 9 = 1	18 − 9 = 9
10 − 6 = 4	12 − 3 = 9	11 − 4 = 7
14 − 3 = 9	13 − 4 = 9	13 − 6 = 7
16 − 8 = 8	15 − 6 = 9	10 − 1 = 9
11 − 4 = 7	11 − 8 = 3	16 − 7 = 9
12 − 5 = 7	14 − 6 = 8	12 − 6 = 6
10 − 2 = 8	10 − 3 = 7	11 − 4 = 7
11 − 8 = 3	13 − 9 = 4	10 − 8 = 2
11 − 9 = 2	12 − 7 = 5	10 − 5 = 5

40 — Practice: Subtraction With Borrowing
Target Time 2 / 3 / 4 min.

● Subtract.

10 − 6 = 4	11 − 4 = 7	13 − 8 = 5
14 − 8 = 6	10 − 2 = 8	15 − 7 = 8
11 − 3 = 8	12 − 5 = 7	12 − 6 = 6
13 − 9 = 4	14 − 9 = 5	10 − 7 = 3
12 − 3 = 9	11 − 8 = 3	18 − 9 = 9
10 − 8 = 2	13 − 7 = 6	11 − 6 = 5
11 − 5 = 6	17 − 9 = 8	12 − 8 = 4
17 − 9 = 8	10 − 9 = 1	10 − 5 = 5
12 − 5 = 7	13 − 8 = 5	15 − 9 = 6
14 − 7 = 7	13 − 6 = 7	13 − 4 = 9
11 − 2 = 9	14 − 5 = 9	16 − 8 = 8
12 − 3 = 9	16 − 9 = 7	12 − 4 = 8
13 − 5 = 8	10 − 7 = 3	11 − 9 = 2
10 − 4 = 6	10 − 1 = 9	10 − 3 = 7

41 — Sprint: Mixed Subtraction

● Subtract. Time how long it takes to complete the subtraction problems. Log your time below.

7 − 3 = 4	5 − 2 = 3	10 − 9 = 1
9 − 2 = 7	12 − 6 = 6	9 − 3 = 6
6 − 4 = 2	9 − 1 = 8	12 − 4 = 8
3 − 2 = 1	14 − 8 = 6	11 − 6 = 5
10 − 3 = 7	13 − 4 = 9	7 − 5 = 2
8 − 5 = 3	4 − 2 = 2	13 − 7 = 6
15 − 9 = 6	15 − 7 = 8	17 − 9 = 8
9 − 2 = 7	7 − 4 = 3	6 − 5 = 1
12 − 8 = 4	8 − 6 = 2	10 − 8 = 2
6 − 3 = 3	12 − 7 = 5	15 − 6 = 9
4 − 3 = 1	10 − 2 = 8	8 − 3 = 5
5 − 4 = 1	9 − 4 = 5	7 − 6 = 1
7 − 1 = 6	8 − 6 = 2	12 − 9 = 3

Review any incorrect answers and remember not to rush.

42 — Sprint: Mixed Subtraction
Target Time 2 / 3 / 4 min.

● Subtract.

10 − 5 = 5	3 − 2 = 1	11 − 9 = 2
14 − 5 = 9	14 − 7 = 7	6 − 3 = 3
5 − 3 = 2	8 − 6 = 2	10 − 4 = 6
4 − 1 = 3	18 − 9 = 9	8 − 1 = 7
16 − 9 = 7	9 − 3 = 6	7 − 2 = 5
2 − 1 = 1	13 − 8 = 5	12 − 3 = 9
15 − 8 = 7	13 − 9 = 4	9 − 6 = 3
8 − 4 = 4	3 − 1 = 2	11 − 4 = 7
11 − 7 = 4	15 − 6 = 9	14 − 9 = 5
12 − 8 = 4	5 − 4 = 1	17 − 8 = 9
6 − 3 = 3	10 − 7 = 3	9 − 7 = 2
5 − 1 = 4	8 − 2 = 6	12 − 5 = 7
13 − 5 = 8	7 − 1 = 6	9 − 2 = 7
9 − 8 = 1	6 − 2 = 4	8 − 7 = 1
11 − 8 = 3		

43 — Sprint: Mixed Subtraction
Target Time 2 / 3 / 4 min.

● Subtract.

10 − 6 = 4	13 − 4 = 9	4 − 3 = 1
11 − 4 = 7	8 − 2 = 6	17 − 9 = 8
3 − 1 = 2	7 − 3 = 4	8 − 1 = 7
12 − 3 = 9	11 − 8 = 3	12 − 8 = 4
9 − 5 = 4	9 − 9 = 0	13 − 7 = 6
5 − 3 = 2	12 − 6 = 6	7 − 4 = 3
8 − 7 = 1	6 − 5 = 1	16 − 9 = 7
17 − 8 = 9	10 − 2 = 8	9 − 7 = 2
6 − 1 = 5	15 − 7 = 8	10 − 5 = 5
11 − 5 = 6	4 − 2 = 2	2 − 1 = 1
13 − 8 = 5	11 − 3 = 8	15 − 6 = 9
9 − 3 = 6	14 − 9 = 5	8 − 4 = 4
10 − 8 = 2	9 − 8 = 1	11 − 2 = 9
9 − 1 = 8	8 − 5 = 3	9 − 3 = 6

44 — Sprint: Mixed Subtraction
Target Time 2 / 3 / 4 min.

● Subtract.

10 − 3 = 7	12 − 9 = 3	16 − 7 = 9
7 − 5 = 2	2 − 1 = 1	9 − 1 = 8
5 − 4 = 1	9 − 5 = 4	12 − 4 = 8
18 − 9 = 9	10 − 4 = 6	5 − 3 = 2
12 − 5 = 7	13 − 6 = 7	8 − 7 = 1
9 − 6 = 3	3 − 1 = 2	13 − 9 = 4
8 − 3 = 5	4 − 4 = 0	6 − 1 = 5
11 − 9 = 2	10 − 9 = 1	4 − 2 = 2
13 − 8 = 5	17 − 9 = 8	10 − 7 = 3
4 − 3 = 1	5 − 1 = 4	9 − 4 = 5
7 − 4 = 3	14 − 5 = 9	11 − 4 = 7
8 − 8 = 0	9 − 3 = 6	14 − 7 = 7
6 − 2 = 4	9 − 8 = 1	10 − 1 = 9
14 − 9 = 5	12 − 7 = 5	

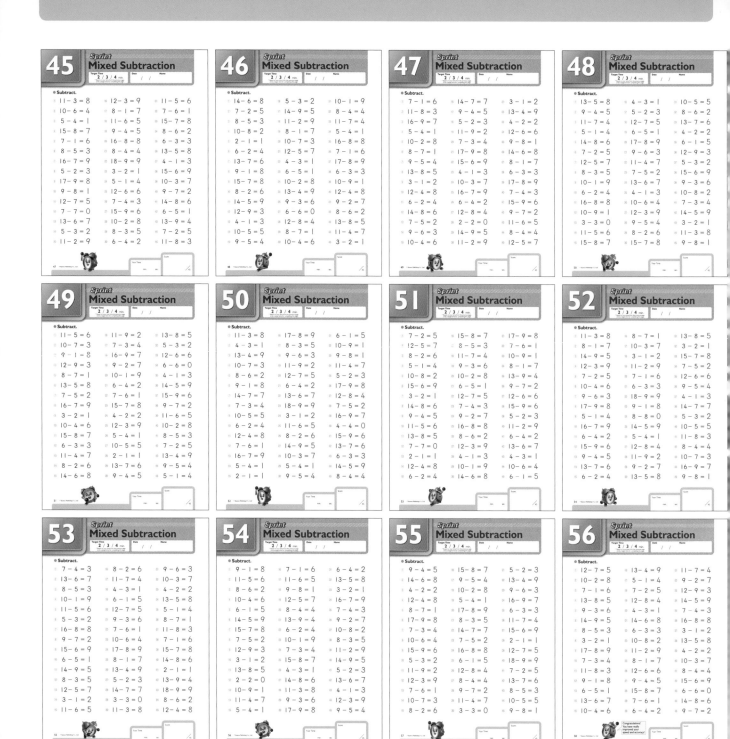

45 Sprint — Mixed Subtraction

Subtract.

11 − 3 = 8	12 − 3 = 9	11 − 5 = 6
10 − 6 = 4	8 − 1 = 7	7 − 6 = 1
15 − 8 = 7	11 − 6 = 5	15 − 7 = 8
7 − 1 = 6	9 − 4 = 5	8 − 6 = 2
8 − 5 = 3	16 − 8 = 8	6 − 3 = 3
16 − 7 = 9	8 − 4 = 4	13 − 5 = 8
5 − 2 = 3	18 − 9 = 9	4 − 1 = 3
17 − 9 = 8	3 − 2 = 1	15 − 6 = 9
9 − 8 = 1	5 − 1 = 4	10 − 3 = 7
12 − 7 = 5	7 − 4 = 3	14 − 8 = 6
7 − 7 = 0	15 − 9 = 6	6 − 5 = 1
13 − 6 = 7	10 − 2 = 8	13 − 9 = 4
5 − 3 = 2	8 − 3 = 5	7 − 2 = 5
11 − 2 = 9	6 − 4 = 2	11 − 8 = 3

46 Sprint — Mixed Subtraction

Subtract.

14 − 6 = 8	5 − 3 = 2	10 − 1 = 9
7 − 2 = 5	14 − 9 = 5	8 − 4 = 4
8 − 5 = 3	12 − 7 = 5	11 − 7 = 4
10 − 8 = 2	8 − 1 = 7	5 − 4 = 1
2 − 1 = 1	10 − 7 = 3	16 − 8 = 8
6 − 2 = 4	12 − 5 = 7	7 − 1 = 6
13 − 7 = 6	4 − 3 = 1	17 − 8 = 9
9 − 1 = 8	6 − 5 = 1	6 − 3 = 3
15 − 7 = 8	10 − 2 = 8	10 − 9 = 1
8 − 2 = 6	13 − 4 = 9	9 − 2 = 7
14 − 5 = 9	9 − 3 = 6	8 − 6 = 2
12 − 9 = 3	6 − 6 = 0	13 − 8 = 5
4 − 1 = 3	12 − 8 = 4	13 − 5 = 8
9 − 5 = 4	10 − 4 = 6	3 − 2 = 1

47 Sprint — Mixed Subtraction

Subtract.

7 − 1 = 6	14 − 7 = 7	3 − 1 = 2
11 − 8 = 3	9 − 4 = 5	13 − 4 = 9
9 − 8 = 1	5 − 2 = 3	7 − 3 = 4
5 − 4 = 1	11 − 9 = 2	12 − 6 = 6
10 − 2 = 8	7 − 3 = 4	9 − 8 = 1
8 − 7 = 1	17 − 9 = 8	14 − 6 = 8
9 − 5 = 4	15 − 6 = 9	9 − 3 = 6
13 − 8 = 5	4 − 1 = 3	6 − 3 = 3
3 − 1 = 2	10 − 3 = 7	17 − 8 = 9
12 − 4 = 8	16 − 7 = 9	7 − 2 = 5
6 − 2 = 4	6 − 4 = 2	15 − 9 = 6
14 − 8 = 6	12 − 8 = 4	9 − 7 = 2
7 − 5 = 2	2 − 2 = 0	11 − 6 = 5
10 − 4 = 6	14 − 9 = 5	12 − 5 = 7

48 Sprint — Mixed Subtraction

Subtract.

13 − 5 = 8	4 − 3 = 1	10 − 5 = 5
9 − 4 = 5	5 − 2 = 3	8 − 6 = 2
11 − 7 = 4	12 − 7 = 5	13 − 7 = 6
8 − 5 = 3	6 − 5 = 1	4 − 2 = 2
14 − 8 = 6	17 − 8 = 9	6 − 1 = 5
7 − 2 = 5	9 − 6 = 3	12 − 9 = 3
12 − 5 = 7	11 − 4 = 7	5 − 3 = 2
8 − 3 = 5	7 − 5 = 2	15 − 6 = 9
10 − 1 = 9	13 − 6 = 7	9 − 3 = 6
3 − 3 = 0	9 − 5 = 4	10 − 8 = 2
16 − 8 = 8	10 − 6 = 4	7 − 3 = 4
10 − 9 = 1	12 − 3 = 9	14 − 5 = 9
3 − 3 = 0	9 − 5 = 4	3 − 2 = 1
11 − 5 = 6	8 − 2 = 6	11 − 3 = 8
15 − 8 = 7	15 − 7 = 8	9 − 8 = 1

49 Sprint — Mixed Subtraction

Subtract.

11 − 5 = 6	11 − 9 = 2	13 − 8 = 5
10 − 7 = 3	7 − 3 = 4	5 − 3 = 2
9 − 1 = 8	16 − 9 = 7	12 − 6 = 6
12 − 9 = 3	9 − 2 = 7	6 − 6 = 0
8 − 7 = 1	10 − 1 = 9	4 − 1 = 3
13 − 5 = 8	6 − 4 = 2	14 − 5 = 9
7 − 5 = 2	7 − 6 = 1	15 − 9 = 6
16 − 7 = 9	15 − 7 = 8	9 − 7 = 2
3 − 2 = 1	4 − 2 = 2	11 − 6 = 5
10 − 4 = 6	12 − 3 = 9	10 − 2 = 8
15 − 8 = 7	5 − 4 = 1	8 − 5 = 3
6 − 3 = 3	10 − 5 = 5	7 − 2 = 5
11 − 4 = 7	2 − 1 = 1	13 − 4 = 9
8 − 2 = 6	13 − 7 = 6	9 − 5 = 4
14 − 6 = 8	9 − 4 = 5	5 − 1 = 4

50 Sprint — Mixed Subtraction

Subtract.

11 − 3 = 8	17 − 8 = 9	6 − 1 = 5
4 − 3 = 1	8 − 3 = 5	10 − 9 = 1
13 − 4 = 9	9 − 6 = 3	9 − 8 = 1
10 − 7 = 3	11 − 9 = 2	11 − 4 = 7
9 − 1 = 8	12 − 7 = 5	5 − 2 = 3
14 − 7 = 7	13 − 6 = 7	12 − 8 = 4
7 − 3 = 4	18 − 9 = 9	7 − 5 = 2
13 − 5 = 8	5 − 1 = 4	16 − 9 = 7
6 − 2 = 4	11 − 6 = 5	4 − 4 = 0
12 − 4 = 8	8 − 2 = 6	15 − 9 = 6
7 − 6 = 1	14 − 9 = 5	13 − 7 = 6
16 − 7 = 9	10 − 3 = 7	6 − 3 = 3
5 − 4 = 1	5 − 4 = 1	14 − 5 = 9
2 − 1 = 1	9 − 5 = 4	8 − 4 = 4

51 Sprint — Mixed Subtraction

Subtract.

7 − 2 = 5	15 − 8 = 7	17 − 9 = 8
12 − 5 = 7	8 − 5 = 3	7 − 6 = 1
8 − 2 = 6	11 − 7 = 4	10 − 9 = 1
5 − 1 = 4	9 − 3 = 6	8 − 1 = 7
10 − 8 = 2	10 − 2 = 8	13 − 9 = 4
9 − 9 = 0	6 − 5 = 1	9 − 7 = 2
3 − 2 = 1	12 − 7 = 5	12 − 6 = 6
14 − 8 = 6	7 − 4 = 3	15 − 9 = 6
9 − 4 = 5	9 − 2 = 7	5 − 2 = 3
11 − 5 = 6	16 − 8 = 8	11 − 2 = 9
13 − 8 = 5	8 − 6 = 2	6 − 4 = 2
7 − 7 = 0	12 − 3 = 9	13 − 6 = 7
2 − 1 = 1	4 − 1 = 3	4 − 3 = 1
12 − 4 = 8	10 − 1 = 9	10 − 6 = 4
6 − 2 = 4	14 − 6 = 8	6 − 1 = 5

52 Sprint — Mixed Subtraction

Subtract.

11 − 3 = 8	8 − 7 = 1	13 − 8 = 5
8 − 1 = 7	10 − 3 = 7	3 − 2 = 1
14 − 9 = 5	3 − 1 = 2	15 − 7 = 8
12 − 3 = 9	11 − 2 = 9	7 − 5 = 2
7 − 2 = 5	7 − 1 = 6	12 − 6 = 6
10 − 4 = 6	6 − 3 = 3	9 − 5 = 4
9 − 6 = 3	18 − 9 = 9	4 − 1 = 3
17 − 9 = 8	9 − 1 = 8	14 − 7 = 7
16 − 7 = 9	8 − 8 = 0	5 − 3 = 2
16 − 7 = 9	14 − 5 = 9	10 − 5 = 5
6 − 4 = 2	5 − 4 = 1	11 − 8 = 3
15 − 9 = 6	12 − 8 = 4	8 − 4 = 4
9 − 4 = 5	11 − 9 = 2	10 − 7 = 3
13 − 7 = 6	9 − 2 = 7	16 − 9 = 7
6 − 2 = 4	13 − 5 = 8	9 − 8 = 1

53 Sprint — Mixed Subtraction

Subtract.

7 − 4 = 3	8 − 2 = 6	9 − 6 = 3
13 − 6 = 7	11 − 7 = 4	10 − 3 = 7
8 − 5 = 3	4 − 3 = 1	4 − 2 = 2
10 − 1 = 9	6 − 1 = 5	13 − 5 = 8
11 − 5 = 6	12 − 7 = 5	5 − 1 = 4
5 − 3 = 2	9 − 3 = 6	8 − 7 = 1
16 − 8 = 8	7 − 6 = 1	11 − 8 = 3
10 − 6 = 4	13 − 8 = 5	7 − 1 = 6
15 − 6 = 9	17 − 8 = 9	15 − 7 = 8
6 − 5 = 1	8 − 1 = 7	14 − 8 = 6
14 − 9 = 5	13 − 4 = 9	2 − 1 = 1
12 − 5 = 7	14 − 7 = 7	18 − 9 = 9
3 − 1 = 2	3 − 3 = 0	8 − 6 = 2
11 − 6 = 5	11 − 3 = 8	12 − 4 = 8

54 Sprint — Mixed Subtraction

Subtract.

9 − 1 = 8	7 − 1 = 6	6 − 4 = 2
11 − 5 = 6	11 − 6 = 5	13 − 5 = 8
8 − 6 = 2	9 − 8 = 1	3 − 2 = 1
8 − 5 = 3	12 − 5 = 7	16 − 7 = 9
6 − 1 = 5	8 − 4 = 4	7 − 4 = 3
14 − 5 = 9	13 − 9 = 4	9 − 2 = 7
15 − 7 = 8	6 − 2 = 4	10 − 8 = 2
12 − 9 = 3	10 − 1 = 9	11 − 2 = 9
3 − 1 = 2	15 − 8 = 7	14 − 9 = 5
13 − 8 = 5	4 − 3 = 1	5 − 2 = 3
12 − 2 = 0	14 − 8 = 6	13 − 6 = 7
10 − 9 = 1	11 − 3 = 8	4 − 1 = 3
11 − 4 = 7	9 − 3 = 6	12 − 3 = 9
5 − 4 = 1	17 − 9 = 8	9 − 5 = 4

55 Sprint — Mixed Subtraction

Subtract.

9 − 4 = 5	15 − 8 = 7	5 − 2 = 3
14 − 6 = 8	9 − 5 = 4	13 − 4 = 9
4 − 2 = 2	10 − 2 = 8	9 − 6 = 3
12 − 4 = 8	5 − 4 = 1	16 − 9 = 7
8 − 7 = 1	13 − 8 = 9	6 − 3 = 3
17 − 9 = 8	8 − 3 = 5	11 − 7 = 4
7 − 3 = 4	14 − 7 = 7	15 − 6 = 9
11 − 4 = 7	7 − 5 = 2	2 − 1 = 1
15 − 9 = 6	16 − 8 = 8	12 − 7 = 5
5 − 3 = 2	6 − 1 = 5	18 − 9 = 9
11 − 9 = 2	12 − 8 = 4	7 − 2 = 5
8 − 4 = 4	9 − 4 = 5	13 − 7 = 6
7 − 6 = 1	9 − 2 = 7	8 − 5 = 3
10 − 7 = 3	11 − 4 = 7	10 − 5 = 5
8 − 2 = 6	3 − 3 = 0	9 − 8 = 1

56 Sprint — Mixed Subtraction

Subtract.

12 − 7 = 5	13 − 4 = 9	11 − 7 = 4
10 − 2 = 8	5 − 1 = 4	9 − 2 = 7
7 − 1 = 6	7 − 2 = 5	12 − 9 = 3
13 − 8 = 5	12 − 8 = 4	14 − 5 = 9
9 − 3 = 6	4 − 3 = 1	7 − 4 = 3
14 − 9 = 5	14 − 6 = 8	16 − 8 = 8
8 − 5 = 3	6 − 3 = 3	3 − 1 = 2
3 − 2 = 1	10 − 2 = 8	13 − 5 = 8
17 − 8 = 9	11 − 2 = 9	4 − 2 = 2
7 − 3 = 4	8 − 1 = 7	10 − 3 = 7
11 − 8 = 3	12 − 6 = 6	8 − 4 = 4
9 − 1 = 8	9 − 4 = 5	15 − 6 = 9
6 − 5 = 1	15 − 8 = 7	6 − 6 = 0
13 − 6 = 7	7 − 6 = 1	14 − 8 = 6
10 − 4 = 6	6 − 4 = 2	9 − 7 = 2

KUM◯N

Certificate of Achievement

is hereby congratulated on completing

Kumon Speed & Accuracy Math Workbook

Subtraction: Subtracting Numbers 1 Through 9

Presented on _____ , 20 ____

_____
Parent or Guardian